O Livro Secreto do Banheiro Feminino

Publicado de acordo com HarperCollins Publishers
Título original: The men's guide to the women's bathroom

Coordenação editorial: Débora Guterman
Capa: Cristina Veit
Revisão: Vivian Miwa Matsushita
Projeto gráfico e diagramação: Renata Milan

Dados Internacionais de Catalogação na Publicação (CIP)
(Câmara Brasileira do Livro, SP, Brasil)

Barrett, Jo
O livro secreto do banheiro feminino /Jo Barrett ; tradução Beatriz Velloso. – São Paulo : Editora Planeta do Brasil, 2008.

Título original: The men's guide to the women's bathroom.
ISBN 978-85-7665-366-0

1. Ficção norte-americana I. Título.

08-02906 CDD-813

Índices para catálogo sistemático:
1. Ficção : Literatura norte-americana 813

2008

Editora Planeta do Brasil Ltda.
Avenida Francisco Matarazzo, 1500 – 3º andar – conj. 32B
Edifício New York
05001-100 – São Paulo-SP
www.editoraplaneta.com.br
vendas@editoraplaneta.com.br

Jo Barrett

O livro secreto do banheiro feminino

tradução
Beatriz Velloso

essência/Planeta

Agradecimentos

TENHO DE RECONHECER UMA COISA. Passei uma quantidade considerável de tempo em banheiros femininos pesquisando para este romance. Fui a todos os banheiros mais badalados – de Nova York a Los Angeles, passando por Austin.

Muita gente me perguntou se usei um gravador ou uma câmera, e a resposta é não. Respeito a privacidade da experiência que é o banheiro feminino. E, mesmo que este livro revele alguns segredos, mulheres serão sempre criaturas rodeadas por um mistério infinito.

A inspiração para este livro foram inúmeras histórias reais de banheiros femininos. Espero que você se divirta. Se por acaso conhecer alguma história excepcional de banheiro feminino, por favor, entre no site www.JoBarrettbooks.com e mande um e-mail para mim, assim poderei publicar sua história no meu site.

E agora vamos às pessoas que ajudaram a transformar meus esquetes de banheiro em algo que ao menos parece um romance:

Meus agradecimentos sinceros a Carrie Feron, editora da HarperCollins/Avon Books, e a Tessa Woodward.

A David Hale Smith, um notável agente literário que acreditou neste romance.

Aos meus agentes em Hollywood: Karen Hamilton, da Creative Convergence, e Ryan Saul, da Metropolitan Talent. Gostaria de agradecer também a Ryan Brooks, da Goldglove Productions, e a Bart Knaggs, da Capitol Sports and Entertainment em Austin, Texas.

Por sua amizade duradoura, agradeço a Doug Agarwal, da Capital Commercial Investments em Austin, Texas; a Charlie Pigeon, da Tige Boats em Abilene, Texas; e ainda a Kip, Susan, Clint e Trish.

Ao deputado Collin Peterson, um dos homens mais íntegros que conheço. E a sua equipe, com a qual tive o prazer de trabalhar: Mark, Cherie e Rob. E a Ron Anderson.

A Heather Phibbs, a mulher mais ousada que conheço.

A Todd Brooks – ainda tenho a caixinha de fósforos.

A Brian Swier e John Zimmerman, dois homens notáveis.

A meus queridos amigos de Austin, Texas, que serviram de inspiração: Aaron Sellers, Robert Harrison, Jeff Mosley, Amy Segal, Courtney e Meredith.

A Colette e Keri, de Nova York.

A Lawrence Cunningham, diretor-assistente da Faculdade de Direito do Boston College – simplesmente não tenho palavras, Larry.

A Lance Armstrong, uma inspiração para pacientes com câncer em todo o mundo. A Fundação Lance Armstrong é uma luz que brilha em Austin, Texas.

E a minha família, que amo de todo o coração.

Seria descuido meu deixar de mencionar algumas pessoas admiráveis que jamais terão tempo de ler este livro:

Dr. Peter Black e Nancy Bailey, do Brigham and Women's Hospital em Boston, Massachusetts.

Dr. Victor Levin e Laurel Westcarth, Mestres, do Anderson Cancer Center em Houston, Texas; Dr. Jeffry Weinberg e Dra. Georganne Mansour.

Dr. Howard Fine e Cheryl Royce, do National Cancer Institute em Bethesda, Maryland.

Minha família e eu somos profundamente gratos por seu talento excepcional e por seu compromisso inabalável com pacientes com câncer.

Agradeço aos gentis leitores pela paciência. Espero que se divirtam com este livro. Foi um trabalho feito com muito amor.

O banheiro feminino é um santuário onde segredos profundos e obscuros são revelados...

Um

O MELHOR CONSELHO QUE JÁ OUVI na vida foi dado num banheiro feminino. Estou no México – é claro. E, é claro, tomei umas doses de tequila além da conta. Mesmo assim, o conselho parece um provérbio de Confúcio.

Por várias razões, entrei correndo no banheiro com um monte de guardanapos de papel na mão.

Razão número um: isso aqui é o México, sei que não vai ter papel higiênico.

Razão número dois: sei que não vai ter papel higiênico porque encontrar um rolo de papel limpo numa boate mexicana é a mesma coisa que mergulhar em busca de pérolas.

Razão número três: meu nariz apresenta um sangramento espetacular. Um sangramento que as pessoas pagariam ingresso para ver.

É isso aí. Meu sangramento não é igual ao das modelos. Um elegante fio de sangue, resultado de uma festa embalada a cocaína, no melhor estilo Kate Moss. Meu sangramento é um verdadeiro jato. Resultado de uma sinusite infecciosa nada-sexy-e-muito-fora-de-hora – um detalhe que não previ quando me inscrevi na "Aventura de Mergulho em Cancun para Solteiros Recém-Separados".

A infecção me impediu de participar do mergulho noturno. Enquanto todos acenavam do barco para mim, decidi atracar no bar mais próximo. Perto da loja de mergulho havia um desses bares de praia mexicanos. Do luminoso, um sapo de néon verde sorria para mim, anunciando: *"Seu barato está aqui no Señor Swanky's!"*

Tenho que me contorcer para sair da roupa de borracha e entrar no vestido justo – aquele que me custou os olhos da cara – que a vendedora descreveu como sendo "obsidiana", e não preto. Sei que parece estranho usar um vestido preto esporte fino numa espelunca mexicana, mas, convenhamos, a gente nunca sabe quando vai esbarrar no Benicio del Toro, não é?

Saio da loja de mergulho, atravesso a rua em direção ao Señor Swanky's e me esgueiro até o balcão.

O que aconteceu em seguida deu início à história toda...

Dois

O BARMAN EMPURRA UMA CESTA de doritos e molho para a minha frente.

"*Cerveza*?", pergunta. Ele ri do meu vestido preto, e percebe que leio o crachá com seu nome. Está escrito DONKIE HOTIE em letras grandes.

"Minha mãe deu nome do famoso escritor espanhol", diz ele, e aponta para o crachá. "Don Quiiiiirrote."

"Livro", corrijo. Subo num banquinho de madeira.

"*Que*?"

"Don Quijote é o nome do livro, não do escritor."

Ele dá de ombros. "Livro, escritor, *es todo igual*". Ele derrama um líquido cor-de-rosa numa coqueteleira e começa a sacudir furiosamente. Seu corpo treme enquanto ele sacode a bebida.

"Já probou marгueriiiita de pitaya?", pergunta ele, a língua estalando no vão entre os dentes da frente.

Faço um aceno negativo com a cabeça.

"De cáctus?"

Faço que não de novo.

"Proba", diz ele, e enfia um copo cheio de líquido rosa e borbulhante debaixo do meu nariz.

Bebo um gole devagar, e deixo aquela raspadinha adocicada escorregar goela abaixo.

"Uma delícia", digo, lambendo os beiços. Ele faz uma cara satisfeita.

Pego um guardanapo no balcão e assôo o nariz. Com força. Exceto por um barulho de buzina, nada sai lá de dentro.

"Tá doente?"

Confirmo com a cabeça.

"Que pena, dona. Bocê é de onde?"

"Austin."

Ele bate palmas. "Ah! Bueno! La Cidade de la Múúúsica!", diz. Ele mexe a cintura e ensaia uns passos de salsa atrás do balcão.

"O Donkey adora múúúsica!", grita.

Ele tira um CD do bolso e bate no balcão à minha frente. "Queimei ontem", diz, com o peito estufado.

Leio a etiqueta escrita à mão. Diz: "Música para Requebrar na Praia, de Donkey Hotie".

Ele estala os dedos. "Como hoje estamos só bocê e o Donkey, bamos tocar música de praia, tá?"

Dou uma olhada no bar e percebo que ele tem razão. Sou a única cliente.

Hummm. Cadê o Benicio del Toro?

Levanto o CD no ar. "Vamos ouvir", digo. Esse erro acabaria sendo mais grave que a câmera subaquática comprada especialmente para a viagem.

Uma hora mais tarde, depois de me acabar na Marguritolândia e de fazer Jose Cuervo virar meu melhor amigo, já não agüento mais. A música de praia do Donkey tem quatro faixas ao todo. Por mais que eu adore cantar "Brown-Eyed Girl", lá pelo nono repeteco eu começo a ranger os dentes. Cada vez que o CD termina, Donkey aperta o *play* no aparelho de som e começa tudo de novo.

"Que múúúsica boa! Demais!", diz ele, batendo palmas e remexendo de um lado para o outro, cha cha cha.

Não sou uma pessoa violenta, mas subitamente me pego desejando que Bob Marley tivesse atirado em mais gente além do xerife.

Sou finalmente salva pela chegada do meu Grupo de Mergulho para Solteiros Recém-Separados. O barco aderna na rampa. Observo com inveja enquanto todos correm para o bar, os olhos brilhando de animação. Limpo rapidamente o nariz e amasso o guardanapo encatarrado na mão. Os mergulhadores se aglomeram à minha volta e me presenteiam com relatos de tudo o que perdi. Falam algo sobre uma enguia listrada gigante e uma garoupa do tamanho de uma Kombi. Parece que esta foi a primeira expedição de mergulho na história do México que contou até com a participação da Shamu.

Começo a me arrepender de minha decisão. De ter me juntado a um grupo de gente completamente desconhecida para uma aventura de mergulho num país estrangeiro. De ter deixado a janela do bangalô aberta ontem à noite. De ter sido atingida por uma infecção, e não pela brisa noturna.

Molho um pedaço de doritos e enfio na boca.

Que beleza. Meu nariz está tão entupido que deixa o molho mexicano com gosto de água lamacenta.

O que mais pode dar errado?, penso. E, nesse momento, sinto o sangue morno jorrar de meu nariz.

"Caramba!", diz Donkey. Ele põe um maço de guardanapos na minha mão e aponta desesperado para o banheiro. Pela cara dele, consigo supor que meu nariz sangrento está de parar o trânsito.

Atravesso o bar e me fecho numa das cabines do banheiro. O sangue esguicha na privada, no chão de azulejos brancos. Chuá, chuá.

Sou Jackson Pollock, meu pincel açoita a tela.

Não chore. Digo isso a mim mesma enquanto o sangue escorre pelas minhas mãos.

E depois repito, quase aos gritos, para garantir que eu me ouvi.

CLAIRE. NÃO. CHORE.

Mas existem tantos motivos para chorar. Eu me separei. Estou empacada em Cancun, com uma sinusite infecciosa em fúria. E é meu aniversário.

É claro que isso tudo foi idéia da minha mãe.

Em tom condoído, ela disse: "Aprender alguma coisa nova vai distrair você". Sugeriu aulas de culinária. Mas, em pleno inverno, decidi vestir uma máscara e um par de nadadeiras, e fui andando feito um pingüim até a piscina da ACM na rua 34. Mas estou divagando...

No momento em que tento decidir se choro ou se tomo um avião de volta para Austin e mato minha mãe, alguém escancara a porta do banheiro.

Espio por um buraquinho. Duas mulheres do meu grupo se olham no espelho. São gêmeas idênticas, vieram de Dallas, e têm nomes que terminam com *i*. Jenni e Lauri, acho. As duas são separadas, mães solteiras, e estão à caça. Ao contrário de mim e do meu ridículo vestido preto, elas usam jeans justos e jóias berrantes.

O cabelo delas é pintado de loiro, os seios são falsos e o tom alaranjado da pele foi conseguido à custa de loção bronzeadora. E eu gosto de tudo isso, gosto mesmo.

Tropeço para fora do compartimento e fico olhando de uma gêmea para outra. Graças a Deus, Jenni tem um pingente com seu nome. O pingente diz *Jenni* em letra cursiva rebuscada. Balança, sedutor, entre seus seios.

Ela berra: "A-mi-ga! O que aconteceu?". Vou até o espelho e aperto o guardanapo ensangüentado contra o nariz.

Respondo com uma voz trêmula: "Sinusite infecciosa". As duas fazem uma cara de nojo, como se eu sofresse de um mal alienígena. Imagino que Jenni e Lauri sejam sempre perfeitas, que não sofram com nada além de uma enxaqueca causada pelo cancelamento do *American Idol* ou pelo horário de fechamento da Neiman Marcus aos domingos.

"Você vai sangrar até a morte, querida?", pergunta Lauri. Aparentemente, ela é a irmã mais bem educada.

Tampo o nariz e inclino a cabeça para trás. "Acho que vai barar sozinho", gaguejo.

Jenni dá um tremelique delicadinho, e o colar fica apertado entre os seios. "Nossa Senhora, fofa! Que viagenzinha, heim?", diz. Ela se inclina em direção ao espelho, estica os lábios e passa um batom vermelho brilhante.

Ela esfrega um lábio no outro e pergunta: "Que tal, meninas?".

"Parece um carro alegórico", diz Lauri. Ela puxa um lenço de dentro da bolsa de couro falso de crocodilo e o aproxima dos lábios da irmã. "Limpa", exige.

Jenni hesita, e levanta a sobrancelha fininha. "Vermelho demais?"

Lauri joga as mãos para o alto. "Parece que você está a perigo." Ela ergue o braço comprido e bronzeado, e aponta para a porta do banheiro. "Se você quer impressionar os caras que estão lá fora, preste atenção..." Ela respira fundo. "Jenni, vou dizer uma vez só – homem não casa com mulher desesperada."

Ela dá uma voltinha e sai do banheiro.

Jenni levanta os ombros magrinhos. "Sabe, ela tem razão", diz, e limpa o batom com o lenço. "A gente não deve deixar os homens perceberem o quanto precisa deles."

"Bra bim, seu batom é bonito", digo. Agora já sou oficialmente uma retardada.

"Obrigada. Esses batons têm uns nomes fofos. Tipo esse aqui, Caribeijo."

Ela mostra o fundo do tubinho.

Concordo com a cabeça. "Olha, você está ótiba. Boa caçada."

Jenni dá um risinho, estoura uma bola com seu chiclete sem açúcar. "Está na cara que estou desesperada?"

"É uma Viagem de Mergulho para Solteiros."

"Isso é apenas um detalhe." Ela joga o batom no lixo e sai do banheiro rebolando.

Pesco o batom no meio de um bolo de toalhas de papel. Abro o tubo e rabisco, num guardanapo ensangüentado, um garrancho escrito com Caribeijo: *Homem Não Casa com Mulher Desesperada.* Dobro o guardanapo com cuidado para não borrar, e guardo na bolsa.

Três

Não me entenda mal. A idéia inicial não era passar tanto tempo em banheiros femininos. Na verdade, aconteceu por acaso.

Eu estava confusa. Depois do divórcio, passei um tempo meio perdida. (Feito aquelas baleias que tentam se suicidar na praia. Todo mundo tenta empurrá-las de volta para dentro d'água, mas elas nadam de novo até a areia. P.S. Acho que essas baleias acabaram de se divorciar. Talvez seja melhor deixá-las em paz.)

Ao invés de me atirar na areia, pedi demissão de meu emprego num Grande Escritório de Advocacia de Nova York e voltei para Austin "sem ter um projeto", como dizem. Minha mãe falou que, até me "recompor", eu poderia morar na casa que ela usa para alugar.

No meu estado de mulher divorciada, comecei a ler romances água-com-açúcar. Do tipo barato que a gente compra no supermercado. Do tipo que tem palavras como "sofreguidão" ou "intumescido". Eu tinha pilhas desses romances ao lado da cama. Sorvia cada palavra, como se fosse canja de galinha. Não me envergonho disso; eu precisava desesperadamente de romance. Para mim, cenas de sexo explícito num gramado úmido equivaliam a um conto de fadas balsâmico.

Um dia, eu estava mexendo em minhas caixas e esbarrei num artigo jurídico entediante que havia escrito. Olhei para os romances água-com-açúcar do outro lado do quarto e pensei... *hummm*.

Se sou capaz de escrever um texto totalmente árido, não seria capaz de escrever algo completamente meloso? Não deve ser tão difícil assim escrever um romance água-com-açúcar, ponderei. Pense bem: será que Jackie Collins era um gênio?

Achei que a rotina de escritora seria ideal para mim. Munida de um laptop e de uma mala Louis Vuitton, eu poderia viajar para qualquer lugar. Roma, Londres. Quem sabe Paris.

Eu encontraria um café francês aconchegante e beberia o tinto da casa enquanto escreveria um romance com um título grandioso...

A Maior História de Amor de Todos os Tempos, este seria o nome.

Os personagens trocariam olhares proibidos em campos varridos pelo vento. No último capítulo, o clímax seria um encontro num celeiro abandonado, durante uma tempestade, e logo os dois estariam com os braços "emaranhados". Eu seria capaz até de contratar aquele cara italiano de cabelo comprido para posar na capa do livro. (Falco? Fellini?)

Apesar disso, no meio dessa história de escrever um romance água-com-açúcar que deixaria as leitoras com um nó na garganta e agarradas ao lenço de papel, acabei passando horas e mais horas em um lugar não tão romântico, com uma caneta e um guardanapo na mão.

Afinal de contas, como é que alguém começa escrevendo *A Maior História de Amor de Todos os Tempos* e termina com um livro sobre o banheiro feminino? Parece aquele conhecido golpe do destino. Mas, mesmo que tenha custado a me adaptar, acabei encarando a verdade. Agora sei que ter o Fabio (!) na capa do livro não é para mim.

Ser uma estrela dentre os Gigantes da ficção atacadista não é meu destino.

Receber um telefonema de Dave Eggers de madrugada – dizendo "eu escrevi *Uma Comovente Obra de Espantoso Talento*", ao que eu responderia "Bom, eu escrevi *A Maior História de Amor de Todos os Tempos*". Ao que ele responderia "Eu sei, ouvi falar de você. Gostaria que se juntasse a um grupo de Escritores Americanos. Temos encontros todas as quartas à noite, no Starbucks. Tom Wolfe vai estar lá, portanto chegue cedo, porque ele come todos os bolinhos com semente de papoula" – não é para mim.

Não. Meu destino não é *A Maior História de Amor de Todos os Tempos*. Meu lugar é entre minhas irmãs de armas. No ambiente que todas conhecemos e adoramos. O oratório. O Banheiro Feminino.

Pessoas mais inteligentes que eu já declararam que uma lição sábia é: "Registre suas experiências". Fui criada em Austin, Texas, e estudei numa escola pública. (Seria eu capaz de produzir um dramalhão inspirado em cervejadas regadas a Budweiser e doritos?)

Se ao menos eu tivesse dado à luz no meio de um Wal-Mart... eu poderia escrever sobre isso.

Se ao menos eu tivesse escalado o Everest... vencido o Tour de France depois de lutar contra um câncer... pescado nas águas de Gloucester, Massachusetts, num barco minúsculo, durante uma tempestade furiosa.

Se ao menos eu fosse Hillary Clinton.

Mas eu cresci na periferia. A Maior História de Amor de Todos os Tempos da minha vida incluía um banho quente de banheira num apartamento de condomínio, meia dúzia de garrafas de vinho tinto e um cara judeu que cantava "Bye, Bye Miss American Pie" para mim no violão.

O que poderia servir de inspiração para meu romance água-com-açúcar?

Minha imaginação?

An-hãn... (Até parece.)

Registre suas experiências...

A ficha caiu tarde da noite em Cancun, depois de Jenni e Lauri e de cinco margueritas de cáctus.

Meu livro seria sobre o Banheiro Feminino.

Eu estava no caminho certo.

Quatro

Sentada na mesa da cozinha em Austin, encaro o laptop. Minha mãe, com seu bom gosto costumeiro, decorou as paredes com um pesadelo botânico que ela chama de "papel de parede". A maioria das pessoas não gosta mais de papel de parede. É considerado o "kitsch" dos anos 1970. Minha mãe, por outro lado, acha que uma simples mão de tinta é para os pouco ilustrados. "Paredes brancas", diz ela, erguendo as mãos, "onde foi parar a *joie de vivre*?"

Examino o bolo de guardanapos de papel que recolhi em minhas incursões ao banheiro feminino. Pinço alguns destaques. Debruçada sobre o computador, começo a digitar freneticamente...

Conversa Privada: Sabedoria e Ironia do Banheiro Feminino
Coisas que Ouvi este Mês nos Banheiros Femininos de Austin, Texas

1. "A engenharia faz milagres." (De uma mulher, orgulhosa com seu implante de silicone.)

2. “Não seja o capacho na porta. Seja a porta pela qual ele terá a felicidade de entrar.”

3. “Pare de lavar a roupa dele. Sabe o que rima com paparicar? Sufocar.”

4. “Chega de sexo casual, colega! Os homens não podem ficar pensando que seu corpinho é o escorregador do parquinho do bairro.”

5. “Seja gentil e sorria. Ele não quer saber dos seus problemas, tá? Lembre-se: homem gosta de fantasia.”

Olho para o relógio.

Cacilda! Sete e meia!

Vou me atrasar, de novo.

É interessante a capacidade que tenho de me atrasar sem nem perceber. Muitas mulheres se atrasam de propósito. Eu me atraso naturalmente. Aperto o botão para desligar o laptop, salto para fora da mesa e vôo para o banheiro. Porque... surpresa, surpresa.

Tenho um encontro hoje à noite. Não é um encontro qualquer, um encontro sonolento. Não é um encontro do tipo que você olha para a pessoa do outro lado da mesa e pensa *prefiro a morte*. Não. Tenho um encontro com um homem lindo.

Parem as rotativas. Rufem os tambores.

Eu, Claire St. John, tenho um encontro legítimo, *bona fide*, oficial, com um certo Senhor Jake Armstrong. Isso mesmo, o nome dele é Jake.

Nos conhecemos numa dessas vernissages ultra-descoladas em que as pessoas circulam e acham lindas umas obras bem mais ou menos. Por acaso, eu era a única pessoa presente que estava usando roupas claras – uma borboleta em meio a um enxame de mariposas negras. Acho que chamei a atenção dele.

Ele chegou perto de mim e perguntou: "Você gosta de fotografia?".

E eu disse: "Só no banheiro, querido".

Dá para acreditar que eu disse isso?

Foi um momento meio Sharon Stone: "O que você vai fazer, me prender porque estou fumando?". E eu conseguir levar *numa boa.*

É claro que ele pediu meu telefone, eu estava dando uma de mulher segura e misteriosa. Admito que foi um momento raro na minha vida. Sou do tipo que sai do banheiro com uma tira de papel higiênico grudada no salto alto. A questão é a seguinte: por mais que eu tente fazer o gênero sexy, sedutora, segura ou *femme fatale*, quase sempre os homens se referem a mim como "bonitinha", "divertida" ou "maluquinha".

O telefone toca e corro para a cozinha. Rezo para ser o Jake ligando para dizer que adiou o jantar para as oito e quinze. Atendo, e imediatamente percebo que cometi um grave erro. É uma voz conhecida...

"E aí, Claire", diz meu ex-marido, de um jeito meio estranho.

"E aí, Charles", respondo.

"Tudo bem em Austin?"

Começo a fazer círculos no chão da cozinha com a ponta do pé. "Tudo. Tudo ótimo, para falar a verdade", digo. "Tudo bem em Nova York?"

"Tudo igual."

Ele faz uma pausa. Já sei o que vai dizer.

"Eu quero o quadro de volta", ele diz. E limpa a garganta, porque ele sempre limpa a garganta quando fica nervoso.

É, eu sabia.

Fico um instante sem falar nada. E ele também não fala nada.

"O quadro fica lindo guardado no meu armário", digo. É uma tentativa de quebrar o gelo.

Ele ri. Limpa a garganta.

"Sempre uma palhaça", diz.

Respiro fundo. "Você realmente ligou por causa do quadro?"

"Claire, você não deu uma chance para o nosso casamento", ele diz, a voz soando como um soco.

Travo os dentes. Ponho a mão na cintura.

Minha vontade é dizer: "*Querido, ela era muito bonita, mas será que tinha cérebro?*".

"Olha, Charles, eu tenho que desligar. Não posso falar agora."

"Você nunca pode falar", ele diz.

"Tchau, pica-pau", digo. A gente sempre falava assim.

Ele hesita.

"Até, jacaré", ele diz. Parece sentir-se culpado.

Bato o telefone.

Fico tentada a devolver o quadro junto com um bilhetinho simpático: "*Obrigada pelo casamento e pelas lembranças. Por favor, aceite este adorável óleo sobre tela*".

Mas eu estaria sendo irônica. Estaria mostrando a Charles minha ferida aberta. Ele iria pensar que ainda gosto dele.

Escolhemos o quadro juntos. Na noite antes de começarmos a morar juntos. Ficamos olhando através da vitrine embaçada de uma galeria metida a besta no Soho. Foi estranho, parecia que o quadro estava dizendo nosso nome. Entramos calmamente. Fingimos desinteresse. Tomamos chá de hortelã. Pechinchamos um pouco com o *marchand*. E finalmente partimos para o sacrifício, juntos.

Foi nossa primeira "compra conjunta".

Charles pagou 70 por cento; eu paguei 30. Para quem ganhava um salário como o dele, era sopa. Para quem ganhava um salário como o meu, era sangue, suor e lágrimas.

Agora ele me liga quase todo mês. E todas as vezes faço a mesma coisa. Fico me lembrando. Choro. Tomo sorvete direto do pote.

Mas não hoje. Hoje eu me recuso *a me deixar abater* por esse telefonema.

Me recuso a ir até o congelador, agarrar o chocolate choc-chip e...

Abro a porta do congelador e encaro o inimigo.

"Seu charme não me comove", digo. Mas tiro a tampa, traiçoeira como um gato, e caio de boca.

Esse geladinho desgraçado. Já se passaram dez meses desde que Mudei de Vida, desde que o caminhão da mudança atravessou o país carregando Minhas Coisas, e ainda assim me derreto por um sorvete.

Será que todas as mulheres ficam na frente do congelador comendo direto do pote? Ou será que algumas são tão elegantes que só tomam pequenas colheradas de sorbet *servido numa taça de champanhe? E só no dia do aniversário. Quando decidem "se acabar".*

Enfio uma montanha de sorvete na boca. Não faço o tipo "*sorbet* no dia do aniversário". Na verdade, sou capaz de comer o pote inteiro. *Numa boa.*

"Chega", digo, e atiro o sorvete para dentro do congelador.

Não tenho tempo para ficar tomando sorvete. Tenho um compromisso. *O que vestir, o que vestir...*

Corro para o quarto, abro a gaveta de calcinhas e examino as opções.

Tanga vermelha da La Perla? Renda branca sexy? Ou o velho estepe, o fio dental preto?

Levanto o fio dental para o alto. Como se eu fosse um peso-pesado, e este fosse meu cinturão da vitória.

Penso: *agora sim.*

Cinco

Jake e eu ainda não fizemos sexo, e isso é meio erótico. Para quem está na faixa dos trinta, sair com alguém durante um mês inteiro e não ir para a cama é quase perversão. É como se fôssemos ursos, armazenando alimento para o inverno.

Visto o fio dental e fico rebolando.

É hoje, penso.

Minhas amigas me aconselham a "partir para o abraço".

Dizem: "É tudo ou nada, Claire".

Dou uma voltinha, olho no espelho e ajeito o fio dental. Aperto minhas nádegas. Procuro celulites. As crateras na minha lua. E aí entro em pânico.

A simples idéia de fazer sexo com alguém que não seja Charles faz meu coração parecer uma marcha de elefantes.

Tiro o fio dental – jogo na gaveta como se fosse um elástico de cabelo. Pego uma calcinha larga de algodão.

Essa calcinha será meu arame farpado. Minha Linha Maginot. Meu cão de guarda.

Jake e eu estamos juntos há um mês, mas por enquanto não é nada sério.

Jake não fez nenhuma menção à monogamia, mas começo a ficar em dúvida.

Hoje, ele me convidou para sair com outro casal, para conhecer seu amigo Paul e a namorada dele.

"Conheço Paul há milênios", disse. "É de sempre."

"De sempre?"

"É, amigo desde sempre", explica. E completa baixinho, com calma: "Falei muito de você para ele".

E isso me leva a pensar *Relacionamento! Namorado! Jake é Jerry Maguire... "Você me completa."*

Mas aí ele diz: "Olha, você se incomoda de encontrar com a gente direto no restaurante? Eu queria dar um pulo na academia depois do trabalho".

E, com a rapidez de um acidente de carro, derrapamos de volta para o "nada sério".

Diante do armário, percorro os cabides e reflito.

Vestido preto de alcinha?

É um restaurante mexicano. Não é uma recepção de casamento.

Mini-saia de oncinha?

O que é isso? O Discovery Channel?

Tem de ser informal, mas não informal demais, penso. E aí percebo que não tenho a menor idéia do que isso quer dizer. É a mesma coisa que falar "preto, mas não preto demais".

Cabide, cabide, cabide...

Saia pregueada de colégio de freira?

Diz aí, atriz pornô.

Bota de caubói?

Segura, peão.

Entro em desespero e enfio a cara no armário. E, nesse momento, eu a vejo. Embolada no cesto de roupa suja.

É assim que se fala.

Minha Calça Jeans Perfeita.

Uma mulher esbarra com um jeans perfeito uma, talvez duas vezes na vida. E nunca, *jamais,* joga essa calça fora.

Comprei a minha há três anos, em Londres. Mas, mesmo com aquele furinho sujo no bolso de trás, ela ainda é de parar o trânsito.

É *vintage*, querida.

Dou uns pulinhos, me encolho, rebolo, dou um puxão, ensaio um passo de salsa e finalmente ela passa pelos meus quadris.

Viro de lado e olho meu bumbum pelo espelho.

Humm.

Será que minha bunda é grande e redonda à la Jennifer Lopez? Ou terei atravessado a tênue e difusa linha que me separa de um simples GRANDE?

Preciso de reforços.

Pulo sobre a cama e caio de bruços. Vum!

Pego o telefone da mesa de cabeceira e disco o número.

"Acho bom você estar em casa", penso alto. Meu melhor amigo Aaron é meu choque de realidade. Meu balde de água fria.

O nome verdadeiro de Aaron é George Michael, mas ele usa o nome do meio, Aaron, porque ficou de saco cheio de ouvir as pessoas cantando músicas do Wham! no colegial, como "Careless Whisper" e "Jitterbug".

Aaron é o yin do meu yang, é Bonnie e eu sou Clyde, é a outra metade da laranja.

Ele sabe tudo sobre roupas, porque passou os primeiros vinte anos da vida dentro do armário. Por isso, visto o que ele me manda vestir. Ele até lembra aquele cara loiro do *Queer Eye for the Straight Guy*, mas não é tão afetado. Assistimos juntos a esse programa, e Aaron odeia. Às vezes ele grita com a televisão. "Carson, sua perua! Ninguém é tão biba assim!" Ele tem certeza de que o Carson força a barra diante das câmeras.

Seguro o telefone com o ombro e ando pelo quarto. "Atende, atende, vai logo!"

O telefone chama sete vezes – típico de Aaron.

Ele atende bocejando. "Rainha fashion a caminho", diz.

"Minha bunda é gorda?"

"Relaxa, Clair-inha. Você é totosa."

Reviro os olhos. É um gaiato, esse meu amigo.

"Qual é sua opinião sobre sandálias de dedo?", pergunto.

"Você vai para um cruzeiro de carnaval?"

"Quero parecer informal..." Fraquejo. "Mas não informal demais", completo.

"Pelo amor de Deus, Claire! Você não é uma dona de casa se arrastando pelo supermercado. Você tem um ENCONTRO. Vá com os sapatos de couro de jacaré, de salto alto."

"Mas nós vamos a um restaurante mexicano."

"Não me interessa aonde você vai. O Jake é alto", diz Aaron. "Ele é o Everest e... você é uma roda gigante. Você precisa de ALTITUDE, querida."

"Está bem", resmungo. Chuto as sandálias de volta para dentro do armário e mergulho os pés nos sapatos malvados, masoquistas, torturantes, Made-in-Brazil que o Aaron me obrigou a comprar – porque "é a melhor pechincha da porra da sua vida, Claire, e eu não saio desta loja enquanto você não pegar o MasterCard".

Ensaio um passeio pelo chão de tábua corrida.

Plof, plof, plof...

"Estou adernando", digo, e aperto o telefone contra a orelha.

"Ó, céus. Que gazelinha. Sai dessa, minha filha. Seja uma boa moça, vá em frente e procrie. Beijo, beijo." Ele desliga.

Olho para o relógio.

Oito horas!

Agarro a bolsa e vôo para a porta.

Seis

Senhoras e senhores, a BMW Série 5. A Mais Moderna Máquina sobre Rodas. Veja bem, não sou do tipo que fica citando marcas, como aquelas mulheres que dizem "Você viu minha nova bolsa da Kate?", referindo-se à carteira da Kate Spade. Não faço esse gênero. Mas tenho que falar da minha BMW porque:

1) para mim, possuir qualquer coisa que tenha "controle dinâmico de estabilidade" é um fato inacreditável e

2) neste exato momento, minha conta bancária está no *vermelho*.

Não é de esperar que alguém que dirija um carro cheio de *status* tenha uns poucos dólares na conta bancária. Mas comigo é assim. Se encho o tanque, passo o resto da semana comendo numa lanchonete de quinta categoria.

A Alemã é a única coisa que me restou do divórcio – exceto a bagagem emocional (que fica guardada no porta-malas).

Charles comprou o carro quando morávamos em Nova York. Ele é louco por apetrechos inúteis e fez questão de que a BMW tivesse um "Pacote para Esportes de Inverno".

"Por que precisamos de mais um farol para neblina?", perguntei.

Ele respondeu: "E se a gente for esquiar em Vermont?".

(Nunca fomos, diga-se de passagem.)

Agora, moro em Austin. Mas tenho bancos e volante aquecidos e limpadores de emergência nos faróis. Se um dia uma nevasca bizarra atingir o sul do Texas, pode deixar comigo.

Estou atrasada... Sou mulher... E dirijo um carro esporte alemão. É pé na tábua.

Um cara dirigindo uma picape Dodge dá uma guinada e quase me acerta. O idiota está no celular.

Em vez de buzinar, piso no acelerador. Ultrapasso o cara como se eu fosse a estrela de um anúncio de automóvel. Ele fica *muito* para trás.

"É disso que eu gosto!"

Solto um palavrão. Os texanos dirigem como os italianos. Só que com mais *glamour*.

Acelero e passo o sinal amarelo. Finalmente! O luminoso de neon roxo brilha logo adiante. Está escrito "olvo's", porque o "P" queimou há anos.

Achei legal o Jake ter escolhido o Polvo's. Isso mostra que ele não faz o tipo "muita badalação e pouco sabor". Há outro restaurante mexicano dois quarteirões adiante, grande e bonito. Bill Clinton já comeu lá, e é lá que os turistas vão. Mas a comida é melhor neste muquifo. O Polvo's é autêntico, tem um clima de centro velho, moscas preguiçosas zumbindo no ar.

Avanço para o estacionamento.

É terça à noite, e esse buraco está transbordando de gente.

Em Austin, as pessoas comem comida mexicana seis dias por semana. (E, no sétimo, elas descansam.) Existem várias razões para isso.

Razão número um: Austin tem a seleção mais concentrada de comida mexicana do planeta. E cada restaurante é diferente do outro. Numa noite come-se jalapeño. Na outra, habanero. Austin tem de tudo. Feijão refrito, preto, farinha, milho. Chile con queso ou chile relleno? Culinária do interior, do Caribe, *fast food* mexicana, comida da fronteira. O que quer que seja; aqui tem.

Razão número dois: a salsa dá margem aos debates políticos mais inflamados. Existem concursos municipais para ver quem faz a melhor salsa. Se não me engano, o vencedor vira prefeito.

Isso não quer dizer que as pessoas não liguem para política de verdade em Austin. Já não basta lamentar o fato de George W. Bush ser texano? Para que insistir na questão? Aqui estamos nós, um bando de progressistas inveterados e falastrões, enfurnados exatamente no centro do Texas. O que fazer? Invadir a Casa Branca, atirando tigelas de salsa nos agentes do Serviço Secreto?

(Tanto faz. Passe a *tortilha*, por favor.)

Pego meu casaco no banco de trás e jogo nos ombros. É junho em Austin, e isso significa que todos no restaurante decidiram encarar a temperatura de quinze graus e sentar do lado de fora. O terraço avança para dentro do estacionamento. Embrulhado em toldos de plástico que deixam o frio do lado de fora, o *deck* tem um monte de mesas bambas, cadeiras que não combinam e lâmpadas incandescentes que parecem cogumelos gigantes de metal.

Vejo Jake e seu amigo Paul. Há uma mulher com eles, suponho que seja a namorada do Paul. Os três já pediram margueritas. Na mesa, há também uma marguerita à minha espera.

Jake pediu uma marguerita para mim!

Já vejo o anel de brilhantes.

Muita calma nessa hora, Claire. Nada de sorrisos escancarados ou movimentos bruscos.

Caminho em direção a eles, com cuidado para manobrar no espaço entre as cadeiras, do alto dos saltos cor de laranja que sustentam meus pés.

De repente, meu calcanhar fica preso numa das tábuas do *deck* de madeira. Puxo para soltar, mas ele não sai do lugar. Jake olha para mim; dá para sentir o olhar dele.

Em vez de estragar minha entrada triunfal, me abaixo, solto o sapato e levanto a cabeça, de modo que meu cabelo deslize pelos ombros – como uma verdadeira *stripper*. Dou um sorriso criminoso. E olho direto para Jake.

Ele balança a cabeça e sorri.

"Oi, gente. Desculpem o atraso!" Falo com voz rouca, ajeito o cabelo.

Jake está lindo de morrer. O rosto dele lembra um Picasso – é meio torto, mas tudo parece se encaixar. Veste jeans e sandálias de couro marrom. De salto, quase encosto no queixo dele.

"Paul, Nadine, esta é a *Claire*", diz Jake. É uma coisa de nada, mas acho que ele enfatiza a parte do "Claire". Isso faz meu estômago das umas reviradinhas.

Todos nos sentamos. "Obrigada pela marguerita", digo, e meus olhos brilham para Jake como se eu fosse uma colegial. Ele acaricia meu joelho debaixo da mesa. E faz uma coisa divina: ele se inclina, encosta os lábios no meu ouvido e diz: "Claire, você está maravilhosa".

Tenho vontade de gritar "você já tinha me conquistado quando disse oi!". Mas me contenho.

Com a maior tranqüilidade, digo "obrigada".

Olho para Paul e Nadine do outro lado da mesa. Percebo imediatamente que eles pertencem à categoria dos casais-irmãos. Ambos têm rostos quadrados, de ar sueco, e cabelos repicados. (É o que Aaron chamaria de "cara de cachorro", porque são como aquelas pessoas que se parecem com seus cães.)

O braço de Paul está ao redor dos ombros de Nadine. Seu sorriso é branco-Colgate, e ele tem umas covinhas irresistíveis.

"E aí, Claire", diz ele, e bate o copo de marguerita na mesa. "Jake contou que você andou por Nova York. O que a traz de volta a Austin?" Ele me olha com aquelas covinhas irresistíveis, e não consigo odiá-lo por fazer a pergunta premiada.

Bom, Paul. Eu me divorciei. Pode estampar isso na minha testa, amigão, como uma letra escarlate.

D.I.V.O.R.C.I.A.D.A.

E quando as mulheres se separam, Paul, elas voam. Voam de volta para a casa da mãe, para sua cidade natal.

Não estou com a menor vontade de reviver "A Juventude de Claire St. John" e toda a história da volta ao ninho, porque isso pode ter o efeito de um balde de água fria na cabeça. Pode estragar o momento, digamos assim.

Então pulo essa parte.

"Estou escrevendo um livro", digo, sorrindo, sorrindo... *Não se entregue. Você não está despedaçada, Claire, você é uma rocha. Firme como Stonehenge.*

"Claire é uma romancista iniciante", anuncia Jake.

"Legal", diz Paul.

Meus lábios ficam subitamente secos.

Ouço a palavra "romancista" sair da boca de Jake, e percebo que o som é absurdo. Seria o mesmo que declarar o desejo de virar astronauta.

"Sobre o que é o livro?", pergunta Nadine.

Olho para ela. Tem um rosto bonito, com nariz arrebitado e tudo.

"Banheiros femininos. Bom, você sabe que nós, mulheres, passamos por momentos incríveis de sintonia no banheiro, falamos de tudo, de A a Z, e... (blá, blá, blá...)"

Pelo amor de Deus! Cala a boca, Claire!

Mas não calo. Minha boca parece uma matraca.

Paul interrompe. "De onde veio a inspiração?"

Humm. Será que falo de Lauri e Jenni? Da Viagem de Mergulho para Recém-Divorciados? Ou será que guardo essa parte num lugar discreto? Será que é uma boa idéia contar para Jake Armstrong que fiz uma Viagem de Mergulho para Solteiras Recém-Separadas?

Penso em Aaron. O que ele me aconselharia a fazer?

"Tudo começou numa viagem de mergulho", explico...

Tenho uma súbita visão de Aaron com o dedo na frente dos lábios. Com uma cara enfurecida.

Claire, se uma árvore desesperada tomba no meio de uma floresta patética, e ninguém escuta, você acha que ela faz um barulho de sofrimento?

Jake, Paul e Nadine estão me observando, esperando que eu termine. Faço um gesto despretensioso com a mão.

"É uma longa história, não quero deixar vocês com sono", digo, e recobro a razão. "Olha, chega de falar de mim. Jake me contou que vocês acabaram de comprar uma casa!" Digo isso e, por alguma razão, começo a bater palminhas. Estou comemorando a compra conjunta de uma casa.

Nadine suspira, prende um feixe de cabelo atrás da orelha. "Paul tem livros demais."

"Sou um rato de livraria", confessa Paul, envergonhado.

Nadine encara Paul. "É, para quê trabalhar se a gente pode passar o dia lendo?"

Ele diz "garota esperta", e dá um abraço nela.

Ela pega um doritos. Fica mordiscando, cuidadosa, parece um ratinho minúsculo. Leva um minuto para comer apenas um pedacinho.

Percebo que Nadine e eu somos bem diferentes. Ela é do tipo que faria aquele aceno de miss se estivesse num carro alegórico. Sabe aquele movimento sutil, a mão para frente e para trás? Enquanto isso, eu estaria no carro acenando feito uma louca. Com as mãos para cima, inclusive.

Pego um doritos da cesta, mergulho na salsa e tento mordiscar delicadamente, como Nadine. O molho escorre pela minha mão, e por isso enfio tudo na boca. Nham, nham. Delicada como Ozzy Osbourne.

Jake me passa um guardanapo.

"Obrigada", digo, a voz tranqüila.

"Tem um pouquinho de molho no seu queixo", cochicha ele.

Que beleza.

Limpo o rosto com o guardanapo. *Nada melhor que uma bolota de molho na cara para deixar um homem com tesão.*

Jake empurra uma tigela de cenouras apimentadas em direção a Paul. "Pronto para perder?", pergunta.

Paul sorri. "Só porque você quer."

Nadine faz uma cara de tédio e chega perto de mim. "Eles sempre fazem isso", explica.

"O quê?"

"Apostam quem consegue comer mais cenouras apimentadas sem beber nada."

"Ah."

Nadine cruza os braços. "Coisa de menino", suspira.

Jake pega uma cenoura e fica balançando na cara de Paul. "Quem perder paga a próxima rodada", diz, e bota a cenoura na boca.

"Pode descer", diz Paul, e mastiga duas cenouras de uma vez só.

Jake e Paul ficam comendo cenouras, e mastigam rápido.

"Gente, pára com isso", diz Nadine, batendo no joelho de Paul.

Os olhos de Paul começam a lacrimejar. Viro para Jake. Ele sorri para mim, tem pedaços de cenoura nos dentes, mas isso não me incomoda. Se fosse com outros caras, sim. Mas não com Jake.

Lágrimas escorrem pelo rosto de Paul.

Ele joga uma cenoura na mesa, como se fosse um Frisbee. "Nossa Senhora! Elas são radioativas!", diz, e agarra o copo de marguerita.

"Juro, a CIA deveria usar essas cenouras para interrogar os terroristas. Chega dessa história de privação de sono e outras bobagens – é só dar umas cenouras apimentadas para os desgraçados e eles vão confessar rapidinho."

Jake gargalha. "Ganhei, seu panaca."

"Espera aí", digo. Pego uma cenoura da tigela e mastigo tudo.

"Como é que é?", pergunta Jake.

"Parece doce de leite", digo. Mas minha língua queima no inferno de Dante.

Jake sorri. "Claire, você está me desafiando?"

Ele joga uma cenoura na boca e mastiga devagar. Esse homem está me provocando.

"Quer uma, amor?", Paul pergunta a Nadine, e balança a cenoura na frente dela. Ela torce o nariz e empurra a mão dele.

É isso aí, eu tinha razão. Aceno de miss, sem dúvida.

Coloco outra cenoura na boca e mastigo alegremente, como se fosse chiclete.

"Trégua?", pergunta Jake.

"Jamais."

Ele enfia uma cenoura na minha boca.

"Injustiça", grito.

Nós dois pegamos as marguerítas. Enfio a cara no copo e sugo pelo canudo. Com força. Como se eu estivesse debaixo d'água e o canudo fosse o aparelho de respirar.

"*Ui.* Congelamento Cerebral por Marguerita", digo. Todo mundo ri.

A garçonete se aproxima.

"Querem fazer o pedido?", pergunta.

Ela olha para mim, caneta e bloquinho em punho.

Estou louca para comer enchiladas, mas aposto que a Miss Nadine vai pedir alguma coisa leve. Tipo uma salada pequena.

"Para mim, uma *sopa de tortilha.* Pequena", digo, reforçando a palavra "pequena".

Fecho o cardápio.

Nadine sorri para mim. Ela diz: "Para mim, *enchiladas* de queijo e uma *sopa de tortilha.* Grande".

Sete

Depois do jantar, todos se amontoam no meu carro. Jake abre a porta para mim. Sento no banco do motorista e tento revelar um naco de pernas, mas infelizmente estou de calça.

"Bela BMW, Claire", diz Nadine.

"Obrigada. Tem assessórios de inverno. Vocês querem que eu ligue o aquecedor de assentos?"

"Não!"

Olho para o lado e vejo Jake sorrindo. Ele diz: "Você precisa de mais alguma coisa para se aquecer, Claire?". Sei que é brincadeira, mas não acho muita graça.

"Ainda estou suando por causa das cenouras", diz Paul.

"Foi você mesma quem comprou a BMW?", pergunta Nadine. Parece que ela realmente me odeia.

"Foi meu marido quem comprou", respondo, a voz firme. Mas percebo o ato falho. "Quer dizer, meu *ex-marido*."

Jake liga o rádio.

Alguns minutos depois, Jake, Paul e Nadine estão na sala da minha casa.

"Nossa, que quadro lindo, Claire", diz Jake.

"Obrigada! Comprei em Nova York", falo. Tento transmitir a tranqüilidade de um monge, mas minha voz oscila.

Jake olha para mim.

Tudo bem, ele sabe da separação. Mas eu tinha mesmo que pendurar essa gigantesca lembrança de Charles bem em cima da lareira?

Penso: *eu deveria ter deixado o quadro no armário.* Mas, algumas noites atrás, decidi ver como ficava na parede. Qual era a sensação. Resolvi tentar. Peguei um martelo, alguns pregos. O pote de sorvete. E fui em frente.

Enquanto eu martelava e chorava e mandava sorvete de cereja goela abaixo, não passou pela minha cabeça, em nenhum momento, que Jake e seus amigos iriam se sentar diante da lareira. E cruzar as pernas de um lado para o outro. Esperando por mim.

"Nada de campos de feno, de Mona Lisa, de lata de sopa Campbell's. Este é o quadro mais legal que já vi", diz Paul.

"Parece ter custado caro", comenta Nadine. "Foi você mesma quem comprou?"

Olho para Jake com uma faísca de pânico.

Ele dá um tapinha no relógio. "Se a gente quer mesmo assistir ao *show*, é melhor sair logo", diz. "Onde está sua carteira de identidade?"

"Na outra bolsa", respondo. Sinto-me uma idiota completa.

Viemos para a minha casa porque eu, Claire St. John, gênio da raça, esqueci a carteira de identidade. E o segurança do Continental Club não deixa passar nada.

Você pode ser uma advogada de trinta e quatro anos, ter uma postura totalmente calma e madura, usar a irrefutável lógica do *Olhe para essas rugas na minha testa. Você realmente acha que elas estariam aí se eu tivesse menos de vinte e um anos?* Parece que, mesmo assim, ele não deixa você entrar sem RG.

Corro para o quarto e reviro a pilha de roupas sobre a cama.

"Vamos lá, bolsinha. Cadê você?", pergunto.

"*Na cama, debaixo da montanha de roupas*", responde a bolsa. E é claro que está ali mesmo.

"Achei", digo. E sapateio de volta para a sala, do alto dos meus saltos à la Marquês de Sade.

Paul, Nadine e Jake ainda estão diante do quadro. Olhando.

É a imagem de um casal, claro.

A cena se passa num café francês. O casal se inclina para o mesmo lado, numa banqueta vermelho-sangue, os narizes rosados por causa do pastis. Há espelhos rococó, a fumaça dos cigarros forma espirais, tudo é meio estonteante e turvo. Sentado, o homem tem um braço despreocupado ao redor dos ombros da mulher.

De alguma maneira – e é esta a genialidade de uma tela plana coberta por pinceladas de tinta – é possível saber que eles já estiveram apaixonados.

Na pintura, um relógio marca três da manhã. Mas o casal deixa rolar. A festa continua. Ninguém vai para casa. Deixa rolar.

Eles não olham um para o outro. Não trocam olhares inocentes, como se fossem adolescentes ingênuos. Não. Esse casal não é bobo. O cara passou o braço nos ombros da mulher, mas não faz isso para protegê-la. Ele está ali. Ela está ali. E é só. Os dois estão deixando rolar.

Jake se vira e me vê. "Achou?"

Exibo minha carteira de motorista. "Pronta para abalar", digo, mas me arrependo imediatamente. Pelo amor de Deus, que tipo de gente fala uma coisa dessas?

Paul vai até a cozinha. "Belo papel de parede", diz.

"Isso aqui é o livro sobre os banheiros?", pergunta ele, e segura meus guardanapos de papel.

Firme como uma rocha, Claire.

"Ainda não está pronto para os leitores."

"Pára com isso, Claire. Compartilhe a riqueza", diz Paul, sorrindo com suas covinhas. Ele folheia os guardanapos. "Depois daqui, vou inspecionar sua caixinha de remédios."

"Não foi lá que escondi o cadáver", falo. Recuperei a tranqüilidade.

Jake me abraça e me conduz até a porta.

"Garota esperta", diz ele.

Oito

O CONTINENTAL CLUB NÃO É BRINCADEIRA. Aqui a coisa é séria. É o vovozinho dos *nightclubs* de Austin. Se o seu negócio é a música lendária do Texas, como rockabilly, retrô e swing, este é o lugar certo.

Trata-se de um bar de beira de estrada, saído diretamente da década de 1950. O ambiente é preto feito piche, e os freqüentadores formam uma estranha mistura de tipos: motoqueiros, garotas de vinte e poucos anos, tatuadas ou vestindo roupas de caubói, atores de Hollywood, executivos de negócios e hippies locais.

Um lugar à moda antiga, *baby*.

Nadine e eu entramos e vamos direto para o bar.

O barman se aproxima e apóia um braço musculoso no balcão. Ele dá um sorrisinho malicioso para Nadine – porque ela é esbelta e tem nariz empinado, e eu sou a Maria-vai-com-as-outras.

Ele solta um grunhido: "O que as senhoritas querem beber?".

Nadine boceja na cara dele.

"Vodca e Red Bull", diz ela.

"Para mim também." Imediatamente me dou conta de que cometi um erro monumental. Sou um peso-pena. Bebo no máximo duas doses.

Nadine se vira para Paul e Jake. "O que vocês vão beber?"

Paul não tira os olhos do palco.

"Paul!", diz Nadine, estalando o dedo na cara dele. *Clap, clap*.

"Desculpe, benzinho. Queremos uísque e Coca Cola."

Nadine faz um muxoxo. "Você fica agressivo quando bebe uísque."

"Então pode pedir o que *você* achar melhor para mim", sapeca Paul.

Jake olha para mim e sussura: "Tensão entre os pombinhos."

Soltamos risadinhas cúmplices. E, por uma fração de segundo, é como se Jake e eu fôssemos um casal de verdade.

Dou o drinque para Jake e levanto meu copo.

"Saúde", diz Jake, batendo o copo no meu.

Nós quatro nos esprememos numa mesinha redonda. Entramos no Continental Club bem a tempo de ver o fim do show de Toni Price. A versão de Austin para Billie Holiday é uma *crooner* loura e linda, que mama doses de uísque do Tennessee entre uma canção e outra.

"Nossa Senhora. Como ela é gostosa", diz Paul.

Nadine dá um tapa no braço dele. "Ei!"

"Você também é gostosa, amorzinho. Mas é outro tipo de gostosa", diz Paul. Parece que ele *realmente* gosta de viver perigosamente.

Nadine apóia as mãos na mesa e afasta o banquinho.

"Vou ao toalete", diz, e pendura a bolsa no ombro.

"Eu também." Na verdade, nem sei como consegui me segurar por tanto tempo. Pareço um camelo.

"Por que as mulheres sempre vão juntas ao banheiro?", pergunta Paul.

Jake ri e dá uma cutucada nele. "Você está ferrado."

Fico de pé, apoiada nos meus saltos cor de laranja, e saio me equilibrando pelo bar.

"Pode ir primeiro", diz Nadine, plantada diante do espelho.

O vaso fica exposto. Parece uma cela de cadeia. Abro o zíper e... *êpa!* Estou usando a calcinha da segurança. Dou uma olhadinha para Nadine. Graças a Deus, ela está vasculhando a bolsa.

Ela respeita a regra número 101 da Etiqueta do Banheiro Feminino. Ou seja: quando duas mulheres que mal se conhecem vão juntas ao banheiro, a mulher que está esperando não deve, jamais, estabelecer contato visual com a mulher que está no vaso. P.S. Isso não vale para amigas próximas. Já aconteceu de amigas minhas me encararem enquanto eu estava agachada sobre o vaso e me perguntarem se estavam gordas. Minha resposta é sempre "Você está gigantesca, sua bruxa", porque a amiga que pergunta é invariavelmente bem mais magra do que eu.

Visto a calça rapidinho.

Nadine se vira. "Adorei seu jeans", diz.

"Obrigada. Comprei em Londres, Notting Hill." E aí é minha vez de ir para o espelho. "Você se incomoda de me emprestar seu batom?"

"Na verdade, não gosto muito dessa história", diz ela.

Humm.

Existem dois tipos de mulheres no mundo: as emprestadoras de batom e as não-emprestadoras de batom. Nadine é uma não-emprestadora, o que significa – é horrível dizer isso – que Nadine e eu amais seremos inseparáveis.

Vasculho minha bolsa e *voilà*! Caribeijo. Usei o batom tantas vezes que já gastei até a base. Passo nos lábios.

"Você e Paul fazem um casal bonito", digo, e esfrego um lábio no outro.

"As aparências enganam", ela responde, áspera.

"Deve ser estressante comprar uma casa juntos."

"Pelo amor de Deus", diz ela, revirando os olhos para cima. "Paul não conseguia a porcaria do financiamento de jeito nenhum. Ele é um estudante profissional. Primeiro tinha que fazer mestrado. Depois foi fazer faculdade de direito e largou. E agora um PhD em filosofia. Que ganha-pão excelente."

Ela suspira, ajeita a blusa. "Desculpe. Eu não deveria descarregar em você."

"Ah, isso acontece com todo mundo", digo baixinho, tentando parecer solidária.

Nadine se agacha sobre a privada, dá a descarga e depois vem para o meu lado na frente do espelho. Ela abre a torneira no máximo, e a água respinga na minha camisa.

"Eu, preocupada em pagar a conta da TV a cabo, e o Paul passa o dia lendo Kierkegaard num café. Cheguei a um ponto em que não consigo mais nem olhar para a cara dele quando transamos", diz ela.

"Mas vocês parecem perfeitos. Um casal-irmão."

Ela joga o cabelo para trás e dá de ombros.

"Claire, dormir com um homem que não excita mais a gente é a pior prisão do mundo. E vou te contar – já estou nessa há tempo demais."

Nove

Jake olha nos meus olhos e ri. Como se estivesse nervoso. Como se quisesse atravessar a Linha Maginot, mas ainda não tivesse descoberto a Bélgica.

Parado na varanda da minha casa, ele apóia o braço no batente da porta, bem em cima da minha cabeça, e se inclina em minha direção. O cheiro dele é bom, doce e masculino. Um cheiro que deixa as pernas bambas. O tipo de cheiro que fica impregnado na roupa depois que ele vai embora.

Jake me enlaça pela cintura, me puxa e me dá um beijo na boca. Fecho os olhos e caio para trás para me apoiar na porta.

Minha cabeça faz um barulho surdo. Mas não me machuco.

Jake se afasta. "Nossa, Claire. Tudo bem?"

"Tudo." Mexo a cabeça para cima e para baixo. Para cima e para baixo.

"Sabe, você fica bem bonitinha bêbada."

"Não sou bonitinha, sou *sexy*", digo. Mas por alguma razão parece que falei "sechi".

Jake ri. "Acho que temos um caso de dano cerebral. Então me conte uma coisa, Senhorita Sexy. Você e Nadine ficaram um bom tempo no banheiro. Por que as mocinhas demoraram tanto?"

"Não posso contar. É segredo absoluto." (*"XEGREDO."*)

"Ah, conta logo." Ele me dá uma cutucadinha e olha dentro dos meus olhos. Os olhos de Jake parecem lagos tranqüilos. O que me fascina não é a cor, é o que está por trás. Uma delicadeza que vai além das palavras.

"Compartilhe a riqueza", ele brinca, e sua voz escorregadia me deixa desarmada.

"Nadine e Paul subiram no telhado", entrego.

Tudo indica que a vodca com Red Bull atingiu o globo de luz na discoteca da minha cabeça, e a festa está a toda.

Jake levanta a sobrancelha e deixa os braços caírem.

Opa, a mocinha de pileque está com a língua solta. Acabo de infringir o Código Secreto das Mulheres – *semelhante ao Código de Silêncio de Las Vegas: o que acontece no banheiro morre no banheiro.*

Jake fica calado. Pensativo.

Finalmente, ele diz: "Impressionante, Claire. Em cinco minutos você descobriu mais do que descobri em um ano. Essas conversas de mulher no banheiro são poderosas".

Sorrio, e tento sorrir de um jeito meio Sharon Stone. Mas minha boca fica torta. Molenga.

"Sabe, Claire, talvez você deva fazer esse livro do banheiro feminino para os homens. Porque não temos a menor idéia do que acontece lá."

Olho para Jake. O mundo ao meu redor se cala. De repente, estou flutuando. Sobre despenhadeiros, montanhas, vales. É um momento *O Tigre e o Dragão.*

"Perfeito!", berro, batendo palmas. *Clap, clap.* Pareço um macaco de brinquedo.

"Os homens não entendem nada dessa conexão feminina que acontece no banheiro", diz Jake.

"Nada. Nadica. Necas", digo, e balanço a cabeça para cima e para baixo. Para cima e para baixo.

Jake acaricia meu braço suavemente, e solta uma descarga de prazer pelo meu corpo. Ele sorri, e vejo uma lasca de cenoura no cantinho do seu dente. Eu me jogo no pescoço dele. “Que tal você entrar e a gente se aconchegar?”, sussuro.

Dez

Tento abrir os olhos. Pisco. Cubro a cabeça com um travesseiro. Na distância, um cachorro late. Sinto a boca cheia de pano.

Que sauna debaixo dessas cobertas!

Eu me debato. Entro numa guerra. Uma batalha pela sobrevivência. Eu *versus* Edredon. Aaahhhhh!

Por favor, não permita que eu sufoque neste oceano de lençóis que minha mãe comprou mesmo sabendo que odeio estampas florais.

Claire St. John. Encontrada morta na cama. Sob um lençol de algodão misto comprado na liquidação.

Empurro – com força. Uma montanha de roupas despenca no chão. Sento rápido, e um *flash* passa pela minha cabeça. Lembranças da noite passada atravessam minha mente.

Lembro dos meus braços ao redor do pescoço de Jake. Puxando. Como uma criança puxando um pônei empacado. "*Jake, que tal você entrar e a gente se aconchegar?*"

"Aaaahhhh!"

Afundo a cabeça no travesseiro. Bela manobra, Claire. *Sutil.* Eis-me aqui, aos 34 anos, como Stella – tentando reviver os dias de glória.

E ele disse "*Acho que não é uma boa idéia, Claire. Hoje não*".

E eu disse... O que foi que eu...

Ai. Meu. Deus!

"Cala a boca e me leva para a cama?"

A classe foi pelo ralo. Substituída pelo discurso da divorciada desesperada de trinta e poucos anos.

Mas quem sabe bonitinha? Divertida? Maluquinha?

E o que fez Jake? Vejamos... Ele riu! É! Bom sinal!

Ele riu, me deu um beijo na testa e disse "Te ligo amanhã, Poderosa Afrodite". E pulou para dentro da picape.

É claro que ele não iria para a cama comigo! Não depois do nosso jantar tailandês da semana passada, quando eu o obriguei a agüentar aquele papo de "vamos pegar leve" enquanto ele tomava sopa tom yum.

Ele disse: "Claire, será que a gente pode simplesmente jantar?" E bateu os palitinhos na minha cara, *toc, toc.*

E eu disse: "Mas assim a gente perde a diversão de ficar analisando tudo até não agüentar mais".

Genial.

E agora sou uma contradição ambulante. (Mas pelo menos uso saltos cor de laranja.)

Jogo as pernas para fora da cama. Olho para baixo e percebo que ainda estou com a calcinha de algodão.

Que beleza. Trinta e quatro anos, e quero reviver meus dias de glória usando a calçola da vovó.

Vou até a sala. O quadro está torto em cima da lareira. Vou até lá. Olho para ele.

Tusso com a boca aberta.

Estico o braço e dou um toque no canto da moldura, para desentortá-lo.

Melhor, penso. Dou um passo para trás. Mas não ficou melhor. Agora o quadro está torto para o outro lado.

Ignoro. Aperto o botão da televisão, aumento o volume bem alto. Mudo os canais até a previsão do tempo. Ótimo. Eis a moça do tempo, toda alegrinha, meu despertador sempre sorridente, vestindo um blazer azul marinho com ombreiras.

"Rajadas geladas de inverno atravessam Nova York", ela diz, os braços chicoteando na frente do mapa.

A câmera se aproxima do Rockefeller Center. As pessoas andam pela Quinta Avenida, enroscadas em sobretudos de lã, encolhidas por causa do vento.

"Brrr. Parece que os nova-iorquinos estão com frio", diz Carol, e dá uma tremelicada fingida dentro de seu blazer azul marinho mal-cortado.

Vou até a janela e abro a persiana. Está cheia de pó.

"Bom dia, flor do dia", digo.

Sei que preciso parar de comparar Austin a Nova York. Mas aqui faz 15 graus em junho. Tudo bem, eu janto no Polvo's enquanto os nova-iorquinos vão ao Per Se. Mas, no final, a vida é uma lista de prós e contras, não é?

Certamente não me imagino lambendo minhas feridas na velha casa que minha mãe aluga. Estes cem metros quadrados não são exatamente o palácio de Buckingham, mas, segundo Aaron, "sem dúvida exalam personalidade". Ou seja: janelas de metal com batentes quebrados, tábuas tortas de madeira corrida e o papel de parede da minha mãe. Pelo menos ela me deixou ficar morando aqui de graça, até eu me "recompor" – a expressão que usou foi exatamente essa.

Minha mãe não entende por que pedi demissão do emprego num escritório de advocacia em Nova York para escrever um livro sobre banheiros.

"Esse seu sonho impossível inclui um plano de previdência privada?", pergunta ela, com um riso nervoso.

"Acho que me cansei de ser uma advogada malvada e sanguessuga", respondo.

"Você não é malvada, querida", ela diz. "Você é uma advogada que faz divórcios."

Minha mãe acha que os advogados malvados e sanguessugas são os que ficam nos tribunais, dando socos na mesa e gritando "Protesto, Meritíssimo!", porque é isso que ela vê na televisão. Mas não são eles. Os sanguessugas malvados estão atrás da mesa. São os que passam as folhas de papel. Os calados.

Como eu. Os sanguessugas malvados encontram um esconderijo. Uma trincheira. E se escondem, de tocaia.

Fico de pé na sala e respiro. Subitamente a casa ficou tranqüila e silenciosa. Mesmo com a televisão berrando, ouço Tranqüilidade e Silêncio. Espreitando lá no fundo.

Odeio Tranqüilidade. E odeio Silêncio. Eles não são bem-vindos aqui.

Tranqüilidade e Silêncio me dão um nó de pânico no estômago – o mesmo nó que me fazia acordar no meio da noite e perceber que Charles não estava mais dormindo ao meu lado.

E, mesmo sendo Uma Mulher Impávida, sou inevitavelmente... apenas uma mulher. Uma sobrevivente, é claro. Mas de vez em quando também fraquejo.

Queria ser um leão. Mas às vezes não passo de um lagarto se escondendo debaixo de uma folha.

Quando Tranqüilidade e Silêncio estão à espreita, faço o que as mulheres fazem. Ocupo o tempo. Faço as Pequenas Tarefas, as Coisas Minúsculas, o Dia-a-Dia. Manter-se ocupada é mais fácil do que enfrentar um pensamento Grande e Malvado.

Pode ser que eu fique sozinha para o resto da vida.

Aí me transformo num mestre dos detalhes, no *sensei* das listas de afazeres. Encho o dia de tarefas urgentes, como as incumbências de hoje:

1. Buscar roupa na lavanderia

2. Devolver o mocassim marrom

3. Trocar pelo mocassim preto

4. Comprar ração orgânica para cachorro

5. Comprar um cachorro

Sou a rainha do planejamento diário! Atarefada como uma abelha! Lamento, Tranqüilidade e Silêncio, mas não posso recebê-los hoje. Não é que eu esteja despachando vocês, mas é que acabou o leite em pó e...

Ouço batidas enérgicas na porta. *Toc, toc, toc.*

Tranqüilidade e Silêncio se escondem imediatamente. Que merdinhas medrosos.

"Claire? Você está aí?"

Jake!

"Espera um minuto!", grito.

Corro para o quarto e visto um *short* amarrotado. Não há tempo para pensar. Lavo o rosto no banheiro. Enfio a escova de dentes na boca.

O volume das batidas aumenta. Estão mais intensas.

"Claire, tudo bem?"

Enxágua... bochecha... cospe!

"JÁ VAI!"

Abaixo a cabeça, agito o cabelo, corro para a porta.

Abro com um gesto largo.

Jake está parado. *Sexy*. Barba por fazer. Veste *short* de ginástica. Segura uma sacola branca.

"Trouxe vitamina em pó. Para curar a ressaca", diz. "Ah, e uns tacos", acrescenta, revelando outra sacola que estava escondida atrás dele.

Antes que eu consiga parar para pensar, me jogo nos braços dele, enrosco minhas pernas na sua cintura (que atiradinha!) e me penduro nele, na porta da minha casa.

Ele gargalha. "Claire, você vai assustar os vizinhos."

"Que se dane", digo, e encho o pescoço dele de beijinhos.

"Que dona maluuuca!" Ele faz um sotaque paquistanês forçado e me coloca no chão. Como estou descalça, tento ficar com as costas bem retas.

"Preciso trabalhar, estou atrasado", ele diz, e me dá as sacolas. "Mas antes preciso falar uma coisa."

"Manda ver."

Ele cruza as mãos, como se fosse me dar uma bronca, e olha sério para mim.

"Cala a boca e me leva para a cama, Claire."

Ele ri e volta correndo para a picape.

"Você é um gaiato", grito.

"Ah, querida. Não fique brava. Aconchegue-se!"

Jogo um beijo enquanto ele dá ré para sair. Ele pisca para mim, e meu coração dá um tremelique.

Entro e vou direto para o banheiro. Chego perto do espelho, para ver o que Jake viu.

Será que ele notou a mancha escura debaixo dos meus olhos? As rugas na minha testa? Estico o rosto puxando pelas laterais, para ver como eu ficaria se fizesse uma plástica.

Olho para mim. Percebo que mergulhei de cabeça nos trinta. Ano que vem vou ter que começar a beber creme anti-rugas.

Já imagino a festona dos 35 – eu, segurando um bolinho minúsculo, cantando para mim mesma e balançando para frente e para trás, feito Dustin Hoffman em *Rain Man*.

Será que vou virar uma daquelas velhas de bar? Aquelas que usam cílios falsos e tomam vinho da garrafa azul. Que pagam gin tônica para um pedreiro fortão, na esperança de que ele fique detonado o suficiente para encarar uma noite de sexo casual.

Vou até a sala e vejo duas mães bem-dispostas andando pela rua. Silenciosa como um gato, encosto o rosto na janela e observo. "Espiono" é a palavra correta. Elas riem, empurram carrinhos super-equipados, os rabos-de-cavalo balançam de um lado para o outro. A julgar pelas coxas lisinhas, imagino que tenham a minha idade. (Talvez menos.)

As mulheres estão tendo filhos mais tarde, penso. Com os avanços da medicina e... blá, blá, blá...

E não tinha uma madame na Bíblia que teve um filho quando estava com uns 90 anos?

Ainda tenho alguns anos de fertilidade pela frente. É o tempo certinho de dar o pontapé na minha nova carreira, conhecer o Sr. Segunda Chance, gerar uma criança e viver um conto de fadas numa bela casa de quatro dormitórios em estilo vitoriano.

Se eu fosse uma dessas pessoas que curtem terapia, esta seria uma bela oportunidade de mandar ver um Xanax com vodca tônica.

Mas espere aí.

Que história é essa de ficar se preocupando com fraldas e creche? Tenho que escrever um livro, não há tempo a perder.

Este será o Ano de Claire.

Onze

Corro para o Captain Quackenbush's Espresso. Este é o meu café preferido em Austin. O lugar está lotado, e fico de olho no próximo lugar vago, como um gato armando o bote. Um cara com um *muffin* e um *Wall Street Journal* na mão pega uma cadeira antes de mim.

"Quanto tempo você acha que vai ficar aí?", pergunto.

"Depende do seu conceito de tempo", diz ele, e abre um sorriso cafona.

Penso: *prefiro a morte.*

No balcão, peço um expresso duplo feito com grãos do Quênia. "Bem forte."

A garçonete, uma moça lésbica, responde: "Deixa comigo". Percebo que ela ficou impressionada com o pedido.

Quando o cara do *muffin* finalmente se levanta para sair, corro para o melhor lugar do café, abro meu laptop e me acomodo.

A cafeína me deixou tão acesa que fico rindo feito uma velhinha num banco de praça.

Começo a digitar enfurecidamente. Como uma drogada. Como se alguém estivesse apontando um revólver para a minha cabeça. Escrevo uma página inteira, chamada "Histórias do Banheiro Feminino – Um

Guia para Homens". Dou uma lida rápida, percebo que ficou uma porcaria, aperto a tecla de deletar e vejo as palavras desaparecerem.

Olá, tela em branco. Não tenho medo de você.

Vou ficar aqui sentada. Encarando.

Títulos Possíveis

Prosa + Conversa Fiada: Guia de Sobrevivência Masculina no Banheiro Feminino

Talvez eu deva pensar em alguma coisa um tantinho mais elegante. Afinal de contas, Tolstoi não batizou seu livro de Guerra + Paz, não é mesmo?

Um título que transmita mais seriedade... Vejamos...

A Insustentável Leveza do Banheiro Feminino

Sério demais?

Não é possível que seja tão difícil assim pensar num título. Até a Bíblia tem um título, caramba.

"A Bíblia."

Hummm. Fica bonito.

O que é tão forte quanto "A Bíblia"?

A-rá!

Banheiros Masculinos são de Marte; Banheiros Femininos são de Vênus

Penso: *acho que estou perdendo o foco.*

Como um pedaço de *brownie* de chocolate. Está seco, parece areia. Definitivamente não vale o preço. Se eu tivesse ido ao Taco

Shack e comprado um burrito inteiro, teria gasto apenas 50 centavos a mais.

O mais triste é que paguei pelo *brownie* com moedas de *25 centavos*. Você precisava ver a cara que a garçonete fez, como ela levantou aquelas sobrancelhas cheias de *piercings* quando joguei um monte de moedas em cima do balcão. Depois fui colocar na caixinha de gorjeta as moedas que sobraram, mas ela levantou a mão e disse: "Deixa pra lá, colega".

A que ponto cheguei. Inspiro pena numa mina barista que ganha seis dólares por hora.

Minha mãe se ofereceu para me emprestar um dinheirinho de emergência. Mas eu não quis aceitar, porque aí seria forçada a ter *A Conversa*.

"Por que você não trabalha como advogada e à noite se dedica ao *hobby* de escrever?", pergunta ela.

"Mãe, será possível que você não sabe o que acontece quando a Dona Morte cutuca seu ombro? Ela leva você para trabalhar no Fox, Smithers & Allen."

"Querida, você está exagerando."

"Prefiro comer torresmo frito de manhã, de tarde e à noite a ter de voltar para O Escritório."

"Torresmo frito! Que coisa mais engordativa!", diz ela. E, como David Copperfield faz um elefante desaparecer, desvio o assunto para a minha alimentação.

Não me leve a mal. Não sou uma pessoa lerda, tipo um bicho-preguiça.

Se mereço algum rótulo, provavelmente o termo *workaholic* se encaixa no meu perfil. Nenhum trabalho me assusta. Depois do fracasso da viagem de mergulho para Cancun, Aaron tentou me animar e arrumou uma entrevista de emprego para mim.

A princípio, não gostei da idéia de circular pelo Barton Creek Country Club num carrinho de golfe, carregando bebidas de um lado para o outro. Mas aí Aaron disse: "Claire, imagina quantos caras lindos você pode conhecer num campo de golfe".

"Provavelmente são todos casados", respondi. Mas, bem lá no fundo, em segredo, eu torcia para encontrar um cara solteiro, com uma pegada firme em seu taco de ferro número 9.

Fui para a entrevista vestindo meu melhor terninho de advogada. Mas me vi rodeada por vinte candidatas ao concurso de Miss Texas. Estavam todas de calça jeans e camiseta justa. Eram mais novas, mais alegres e muito mais qualificadas do que eu – conforme constatei ao espiar o item "garçonete com experiência" no currículo delas.

Fui entrevistada por "Misty", uma gerente de 24 anos.

"Você sabe dirigir um carro com marcha manual?", perguntou ela.

"Sou advogada", respondi.

Ela me olhou de um jeito estranho.

"Os carrinhos de golfe têm marcha", disse.

"Ah, sei."

Ela continuou. "Mas me conte, Claire. De que forma sua experiência como advogada pode ajudar você a servir Heinekens em *todos* os dezoito buracos?"

E este foi apenas o primeiro equívoco na minha busca por um emprego.

Depois de várias humilhações, de várias gotas d'água que fizeram meu copo transbordar, comecei a pensar e pensar e a ter idéias criminosas.

Um dia, assisti a *Negócio Arriscado* de madrugada, e passei a considerar a idéia de abrir um bordel na minha casa. Lancei essa idéia para Aaron. Depois de uma longa discussão sobre a decoração dos quartos (sauna romana ou casa de massagem tailandesa?), ele disse: "Olha, Claire, talvez seja difícil encontrar prostitutas que se pareçam com a Rebecca de Mornay. Além disso, se sua mãe descobrir que você está tocando o melhor bordel do Texas na casa dela... tipo assim, ela te mata".

Brinco com o *mouse* e penso em Paul e Nadine. De repente, lembro do que Paul disse... "Por que as mulheres vão sempre juntas ao banheiro?"

Boa pergunta, Paul.

Vamos tentar.

O Livro Secreto do Banheiro Feminino
Claire St. John

Capítulo Um
Um "Lance" de Grupo

Prestem atenção, senhores. Vou revelar o grande segredo, e é já. Vou abrir o cofre. Portanto ouçam bem.

Vocês sempre perguntam por que nós (mulheres) vamos juntas ao banheiro.

O que será que fazemos lá?, vocês se perguntam.

Tramamos para dominar Wall Street?

Ou para tomar o quartel-general do Exército?

Será que Hillary Clinton nos convocou para um encontro secreto? *"Vamos lá, senhoras, vocês vão fazer o seguinte. Cada uma de vocês vai votar em mim para presidente."*

Bem, senhores: a resposta é sim.

Estamos tramando contra vocês.

Vocês não deveriam nos deixar livres.

Somos extremamente perigosas.

Mas como esse fenômeno de ir ao banheiro em grupos teve início? Será que as mulheres das sociedades primitivas saíam de perto da fogueira para procurar juntas pela árvore mais próxima? Sim, meus caros senhores. Acho que era isso que elas faziam.

E é por isso que, nas pinturas rupestres, os homens das cavernas estão sempre coçando a cabeça.

Estão se perguntando por que as mulheres demoram tanto para sair de trás de moita.

É claro que vocês são incapazes de entender por que as mulheres vão juntas ao banheiro. Para vocês, uma ida ao mictório é como uma ida ao *shopping*. É entrar e sair. Vapt-vupt. No mictório, não há contato visual, e a conversa é pouca. Não existe criatividade, tudo é cinza. Não há *elegância*. O banheiro masculino não é uma festa. (A não ser, é claro, que você esteja no banheiro de um bar *gay* – aí sim é uma festa para valer.)

O único motivo que leva vocês, homens, a ir ao banheiro, é o fato de *Vocês Terem de Ir ao Banheiro*. Vocês são homens. É assim que funcionam.

Nós somos mulheres. Somos seres complexos, sensíveis, belos. Às vezes vamos ao banheiro quando nem *precisamos* ir ao banheiro. *Capisce*?

Não, meus caros. Vocês provavelmente não compreendem. Porque jamais, ao longo de toda a vida, vocês pronunciaram as seguintes palavras: "Cara, vou ali tirar a água do joelho. Quer vir?". Mas tudo bem, o banheiro de vocês *não tem* poltronas estofadas de couro.

Para vocês, pode ser uma novidade assustadora descobrir que o banheiro feminino tem mais mobília que a Tok&Stok.

Temos sofás, cadeiras e trocadores. O que você quiser, o banheiro feminino tem.

Os banheiros dos teatros da Broadway são especialmente bem-equipados.

Agora vocês já sabem por que demoramos tanto para voltar para aquela mesa apertada no mezanino do bar. Por que deveríamos voltar para a última fileira da arquibancada se é possível ouvir Sarah Brighton confortavelmente, esparramada em uma poltrona de estilo inglês, no banheiro feminino?

Vocês acham possível que o comportamento gregário das mulheres no banheiro seja resultado apenas da existência de assentos confortáveis? Se vocês tivessem móveis no mictório, ficariam por lá batendo papo? Trocando confidências? Falando sobre os momentos difíceis?

Jamais saberemos – a não ser que alguém coloque um sofá de dois lugares no banheiro masculino...

Meu celular toca. *La Cucara-cha, La Cucara-cha...*

Aaron, que inferno!

Ele escolheu o toque do meu celular e agora não consigo mais desligar.

La Cucara-Pelo Amor de Deus!

Procuro desesperadamente dentro da bolsa. Duas ripongas olham iradas para mim. Pego o telefone e coloco no silencioso.

Apesar de a maioria dos moradores de Austin ser de liberais empedernidos, eles não hesitam em mandar usuários de celular para a cadeira elétrica. A regra nos cafés de Austin é a seguinte: se o celular toca = 35 anos de confinamento ou prisão perpétua. Se você *atende* o celular que está tocando = pena de morte.

Levanto da cadeira e corro para fora, antes que a Srta. Saia Indiana e a Srta. Patchuli comecem a atirar pães dormidos em cima de mim.

Olho o número no identificador de chamadas. É Heather. Minha amiga louca de pedra. (Qualquer mulher do mundo tem uma amiga "maluquete". Heather é minha "maluquete".)

"E aí! Há quanto tempo!" Dou voltinhas na calçada enquanto falo com ela.

"Quer correr comigo? Estou indo para Town Lake", diz ela, na lata. (Heather é do tipo que usa a hora do almoço para correr.)

"Não dá. Estou trabalhando." Paro na frente do café e me apóio no muro. "Olha só", digo, e gesticulo com as mãos. "Estou pensando em escrever um livro sobre o banheiro feminino, para os homens."

(Silêncio.) "Ah... é?", diz Heather.

Mexo os dedos, nervosa.

"Por exemplo. Você acha que os homens iriam juntos ao banheiro se os mictórios tivessem poltronas? É difícil ficar conversando no mictório, não é?"

"Eles não conversam porque estão com os bilaus na mão", diz Heather. "Estão chacoalhando, entende? Bom, se a gente tivesse que ficar segurando os peitos, também acho que não ficaria conversando."

"É verdade."

"O que você quer saber, Claire? Quer saber o que eu sei?"

"Você faz resenhas de livros para o *Texas Monthly*."

"É mesmo. Obrigada por me lembrar. Juro, se meu editor não me der um aumento, eu vou me transformar numa sadomasoquista e partir para cima daquele traseiro metrossexual dele."

Solto um suspiro. Heather não é apenas bonita e bem-sucedida; ela tem plano de previdência privada e de saúde.

"Bom, pelo menos você *recebe* um salário. Minha conta de celular chegou ontem. Se você for ver a tarifa de *roaming* que eles cobram, vai achar que eu estava fazendo uma caminhada no Nepal."

"Por que você não vende um rim?", pergunta Heather.

Respiro fundo.

"Claire, até agora não consigo entender por que você não levou dinheiro no divórcio. Quem é que sai de casa levando só um quadro?"

"Um brinde ao meu acesso de ansiedade."

"Tudo bem, me desculpe. Olha, por que você não vem ao *happy hour* de hoje? Com o Jake. Vai ser divertido."

"Ele vai para Houston. A empresa dele está organizando uma feira de produtos orgânicos."

"Ah. E como vai esse amorzinho?"

"Vou tatuar o nome dele no meu dedo anular", respondo. "Como a Pamela Anderson fez com o Tommy Lee."

Heather ri. "Vocês já transaram?"

Seguro o telefone com força.

"Claire, pelo amor de Deus. O que você está esperando? Vamos conversar sobre isso hoje, sem o Jake." Ela desliga antes que eu possa protestar.

Doze

ACELERO O CARRO. COMO SE EU fosse a estrela de um daqueles programas de TV que mostram perseguições policiais. Mas aí aparece um policial de verdade. Um policial intrometido, montado numa moto, escondido debaixo do viaduto do Lake Austin Boulevard. E eu, distraída, pensando na vida, passo por ele a discretos 140 quilômetros por hora.

Numa BMW.

Ai, por favor...

Ele acelera a moto e sai da toca. Liga a sirene.

Imagino uma perseguição em alta velocidade.

"Por isso corro demais, corro demais..."

Paro no acostamento e vasculho o porta-luvas.

Toc, toc, toc.

Um policial bonitão se aproxima da janela do carro. Ele se parece com o Erik Estrada, do *CHIPS*.

Olá, Poncherello.

Aperto calmamente o botão na porta do carro. O vidro desliza para baixo.

"Boa noite, seu guarda."

"Documentos do carro e carteira de motorista."

"Claro, agorinha mesmo."

Agorinha mesmo?

"A senhora faz idéia da velocidade em que estava dirigindo?"

Ai, ai, ai. Um jogo de perguntas e respostas. Adoro.

"Oitenta? Noventa?"

Erik Estrada faz uma negativa com a cabeça.

"Registrei 141", anuncia. Ele acende uma lanterna e examina o banco de trás do carro. "Por acaso a senhora está numa emergência médica?"

"Por quê? Estou pálida?", pergunto, e coloco as mãos no peito.

Erik olha para mim. "A senhora andou bebendo?"

"Ainda não."

Ainda não?

AINDA NÃO!!

Senhoras e senhores, palmas para A Idiota Boquirrota desta noite.

"A senhora *pretende* beber e dirigir hoje?"

"Não, seu guarda. Quer dizer, pretendo beber – mas não *bebeeeer*. Bom, estou indo para o bar, encontrar minha amiga. Ela é separada, eu sou separada, nós duas estamos na casa dos trinta... O senhor sabe que às vezes a gente afoga as mágoas, não é?"

Erik se aproxima e examina meus olhos em busca de sinais de álcool (ou, no meu caso, de demência profunda). Sinto um rastro do cheiro de sua água de colônia. (Uma nota amadeirada?) Por uma fração de segundo, imagino como seria beijá-lo. (Atire a primeira pedra quem nunca cometeu esse pecado. Poxa, é o Erik Estrada de uniforme, caramba. Dá um tempo.)

"Vou ter de autuar a senhora", diz ele, e dá um tapinha na minha carteira de motorista. Ele rebola de volta para a moto, as botas batendo firme no asfalto, e aproveito para conferir seu traseiro.

O telefone toca: *La Cucara-cha!*

Dou um pulo, como se alguém tivesse me surpreendido, e olho o número na tela.

Jake chama!

Nossa. Estou me afogando num sopão de homens. Um verdadeiro guisado de homem.

Seguro o telefone na orelha. "Duvido que você adivinhe o que estou fazendo", digo. (*Hummm. Conferindo o traseiro de outro homem, não é, Claire?*)

"Por que você está sussurrando?", pergunta ele. Considerando que Poncherello está a uns dez metros de distância, a pergunta faz sentido.

"Um guarda me parou por excesso de velocidade."

"Ele não vai multar você, Claire. É uma lei da natureza. Mulheres bonitas não são multadas – elas recebem advertências."

Faço uma careta. "Eu estava a 140, e o limite era 100."

"Nesse caso, pode começar a chorar, meu bem."

"Não posso começar a chorar sem razão."

"Joga charme, então. Amolece o cara, sabe?"

"Tenho que desligar, ele está voltando!"

"Boa sorte", diz Jake. "Ligo mais tarde – para desejar boa noite."

Jake vai ligar mais tarde para me desejar boa noite! Acho que vou entrar para a namoradolândia.

"Vamos lá", digo, usando minha voz mais convincente de Sharon Stone.

E o prêmio de melhor atriz em um seriado de relacionamento pós-divórcio vai para... O envelope, por favor...

Erik Estrada volta à minha janela e bate com a caneta no bloquinho de multas. Como já estou na ilha da fantasia, tenho uma rápida fantasia na qual ele me pede para sair do carro e me revista.

Neste momento, lembro que preciso jogar charme para ele.

"Sabe, seu guarda, o azul do seu uniforme realça a cor dos seus olhos."

"Meus olhos são castanhos."

"Ah, é."

Ele arranca uma folha de papel amarelo.

"Dessa vez vou lhe dar apenas uma advertência, Srta. St. John. Mas a senhora precisa dirigir mais devagar. Sua amiga e a senhora podem ter se separado, mas isso não é desculpa para dirigir embriagada. Eu mesmo sou divorciado, e sei que pode ser um momento difícil. Mas é preciso ser responsável, caso contrário alguém pode se machucar, entendeu?"

"Sim, senhor." (*Concordo com a cabeça.*) "O senhor tem toda a razão. Não sei como agradecer."

Faço que sim com a cabeça feito uma louca. Parece que é contagioso, porque ele começa a mexer a cabeça também.

"Está bem, Srta. St. John. Dirija com cuidado."

Iúpi!

Ano de Claire, Primeiro Dia.

Treze

Às vezes me pergunto se as pessoas percebem que sou divorciada. Quando Heather e eu nos sentamos num bar, eu me pergunto se as pessoas olham e dizem: "Que patético. Coitadas daquelas divorciadas ali, tomando cerveja. Quem elas acham que estão enganando?".

P.S. Heather e eu saímos entornamos feito dois irlandeses gordos. Sei que não fica bonito, mas é um "must". Como a lista de "musts" de uma revista de moda:

Eis minha lista de "musts":

1. Xale de cashmere preto

2. Sapato tipo chanel da Manolo Blahnik

3. Bebedeira total com amiga maluquete até alguém cambalear para casa acompanhada por um sósia do John Kennedy Jr. (P.S. Em geral, que faz isso é a Heather.)

Heather se casou logo depois da faculdade. (No Texas, isso é conhecido como "casamento de principiantes".) Na lua-de-mel, ela e o marido foram para as Ilhas Virgens Britânicas, e ficaram num *resort* metido a besta chamado Praia da Amargura.

Estou contando essa história por uma razão, que é a seguinte:

Sentadas numa cervejaria no centro de Austin, Heather e eu bebemos daquelas canequinhas fofas de cerveja. Sabe aquelas canequinhas minúsculas? Você pode escolher os copinhos, eles servem 60 mililitros por vez e você acha que bebeu pouco, mas na verdade está ficando completamente troncho. Bom, pedimos uma cerveja cujo rótulo diz: "Sinta o Amargor". Entornamos como se fossem doses de tequila. Mas nem Heather nem eu nos damos conta de que ela acaba de encontrar um novo "futuro marido" enquanto mergulha numa nova Praia da Amargura.

Para Heather, o Homem da Vez é Ryan Jones. Parece que o Sr. Jones gosta de cerveja, porque manda descer uma atrás da outra. Toda vez que Heather e eu esvaziamos uma caneca, Ryan faz sinal para o garçom trazer uma nova rodada. Ele troca olhares enamorados com Heather, e começo a achar que estou segurando uma, duas, três velas.

Tomo um gole de cerveja e tento me sintonizar na conversa. *É alguma coisa sobre Constantino, o Grande...*

"Ele abriu caminho para o Cristianismo como o conhecemos hoje", diz Ryan.

Heather concorda, animada. "Isso sem falar no papel das mulheres na Igreja Católica."

"Gente! Não seria demais usar 'o Grande' depois do nosso nome?", disparo. Bebo o último gole do copo.

Heather e Ryan olham para mim, desconfiados.

"Claire St. John, *a Grande*", digo, e caio na gargalhada.

"Êpa. Parece que alguém aqui é peso-pena", diz Ryan, apontando para os copos vazios na bandeja à minha frente.

Ótimo. Esse cara se refere a mim na terceira pessoa.

Ryan pergunta: "As senhoritas querem mais uma rodada?".

"Não sei se devo", diz Heather, com a mão no peito, toda pudica e delicada.

Subitamente, minha amiga louca de pedra se transformou na Virgem Maria.

Fuzilo-a com o olhar: você acabou de descer de uma nave alienígena? Mas ela me ignora solenemente.

"Desce essa cerveja", digo para Ryan.

Ryan chama o garçom. Uma rodada fresquinha surge na nossa frente. Decido viver perigosamente e começo pelo centro, pela cerveja escura.

No momento em que estou enchendo a boca de cerveja, Ryan pergunta: "Então, Heather, você vai à igreja?".

Engasgo e a cerveja sai pelo nariz.

"Está tudo bem?", pergunta Ryan.

Engulo com força. (*Tosse! tosse!*) "Entrou pelo cano errado", digo, engasgada.

"*Odeio* quando isso acontece", diz Heather, a beata, e empurra um copo de água para a minha frente.

Lanço um olhar compungido, implorando para ela parar, por favor, antes que eu sufoque de tanto rir.

Ela olha bem nos meus olhos e lança um petardo.

"Eu *adoro* ir à igreja", diz.

Começo a tossir e fungar loucamente.

Muito bem, amiga. Agora é guerra.

"E você, Claire?", pergunta Ryan.

"Desisti da igreja na Quaresma." Heather segura o riso, morde os lábios com força.

Ryan ri. "Rá rá. Vou me afastar para não ser atingido por esse raio." Ele dá um passo para trás.

Essa não. Ele deve ter um adesivo com dizeres cristãos grudado no porta-malas do carro.

(Heather e eu vamos à igreja no Natal e na Páscoa, como todo mundo. Mas ficar falando de igreja num bar? Pelo amor de Deus. Não fomos possuídas pelo demônio, mas somos separadas. Temos mais de trinta anos. E estamos num bar.)

Tenho vontade de segurar Ryan pelos ombros e sacudi-lo. *Ryan, o objetivo aqui não é compartilhar o pão, meu querido. É ficar completamente chumbado e transar com alguém que se pareça com John Kennedy Jr. Para as mulheres, este é o maná do céu,* capisce*?*

"Olha, não sou um desses fanáticos por Jesus", explica Ryan, "mas acabo de ler um livro sobre o Cristianismo."

Percebo que as orelhas de Heather se abrem de excitação. Qualquer mulher sabe que um cara que lê *de verdade* é, sem dúvida, um ser raro e especial. Observo Heather. Os olhos brilham, ela ri como se tivesse tirado o bilhete premiado.

Heather desce do banquinho e diz para Ryan: "Vou ao toalete rapidinho". Ela olha direto para mim – é a minha deixa.

"Também preciso ir." Deslizo do banquinho.

Ryan dá um sorriso bondoso. "Eu guardo os lugares de vocês."

Ryan, pobre inocente. Não faz a menor idéia de que será minuciosamente dissecado. Um exame completo, dos pés a cabeça. Uma comparação entre pontos fortes e pontos fracos.

Em questão de segundos, vamos cobrir todos os temas. Sapato, relógio, cabelos.

Ele estava ou não usando um anel de formatura?

Uma carteira ou um prendedor de dinheiro?

Ele pagou as bebidas ou vamos rachar a conta?

Perspectivas sexuais, perspectivas financeiras, quem sabe até perspectivas de procriação.

Tem de tudo. O banheiro feminino é o lugar para falar sobre os homens – e seu potencial.

Heather e eu vamos direto para o banheiro, felizmente bem sinalizado com figuras de um homem e de uma mulher, ambos usando roupas do início do século 20. O homem tem uma cartola. A mulher está de anágua – coisa que todas nós usamos quando vamos a um bar.

Heather escancara a porta, e entro atrás dela.

"Que tal?", pergunta ela. "Vale a esponja?"*

"Pode ser."

Os olhos de Heather brilham. Ela tem uns olhos azuis imensos, que parecem duas luas e atraem os homens. Toda vez que saio com ela fico em segundo lugar. Sabe como? O sujeito se vira para o amigo e diz: "Eu fico com a gostosa de olhos azuis. Já que está noivo, você fica com a outra, cara".

Heather olha para mim. "Claire, ele é *tão* verdadeiro. Não faz joguinhos. Ele adora ler. Meu Deus, um homem que *lê*, Claire."

"Pode valer a pena segurar esse cara", digo.

Heather enumera com os dedos. "Ele é pé no chão, tem casa própria, trinta e seis anos, nunca foi casado. E você viu o braço dele, Claire? *Muito* malhado."

Heather dá uns pulinhos e ajeita o cabelo. Chega perto do espelho, tira uma bolota de rímel dos cílios.

"Claire, eu sei que é loucura, mas ele pode ser *O Cara*."

Essas duas palavras me deixam de queixo caído. Acredito em amor à primeira vista, acredito mesmo. Mas eu achava que isso só acontecia num vinhedo na Itália. Será que esses casos de amor mo-

---

* "Vale a esponja" é uma referência ao seriado *Seinfeld* e às considerações de Elaine sobre se ela deve ou não transar com um cara. (N. T.)

dernos são assim? Duas horas de conversa no bar e de repente o pessoal já vai para o altar, com direito a conta conjunta?

"Você parece decidida."

Heather dá uma voltinha e olha para mim. "Não sei. Você acha que é loucura?"

"Acho. Você mal conhece o cara. Dê seu telefone e espere ele ligar."

"Só porque vou convidar ele para ir até a minha casa não significa que alguma coisa vai acontecer, não é?"

Cruzo os braços. "Ah, não, claro que não. É uma da manhã. Tenho certeza que ele vai pensar que é um encontro inocente."

"Nossa química é impressionante", diz Heather. Ela está radiante. Parece uma luz fosforescente.

Como ela já se decidiu – e posso garantir que isso aconteceu antes mesmo de ela colocar o pé no banheiro –, é hora de Heather armar o plano de fuga. Ela está cercada por testemunhas. Seus colegas do *Texas Monthly* ainda estão na área, e ela tem de pensar numa maneira de convidar Ryan para sair sem dar na vista.

"Convide nós dois para comer pizza", sugiro. "E eu simplesmente não vou aparecer."

"Meio adolescente, mas acho que é a melhor idéia." Heather sorri.

No bar, Ryan paga a conta.

Heather e eu nos aproximamos.

"Você já pagou?", cantarola Heather. Ela abre a bolsa e finge que vai pegar a carteira.

"Por favor. É por minha conta", diz Ryan, com a mão para cima. Ele não percebe que Heather está tentando dar o golpe do pagamento falso. (*P.S. Atenção, rapazes: o golpe do pagamento falso acontece quando pegamos a carteira na esperança de que vocês nos impeçam. Funciona em 60% das ocasiões. Nos 40% restantes, chegamos à conclusão de que vocês não valem a pena.*)

"Ai, obrigada", agradece Heather. Ryan olha para ela, ela olha para ele. Ao lado de Heather, uma legítima irmã de armas, eu me sinto como se fosse a menina gorducha.

"Estou morrendo de fome. E vocês?", pergunto. (Heather e eu combinamos essa parte. Assim fica parecendo que a idéia foi minha.)

Heather concorda. "Eu também. Vocês querem passar lá em casa e comer uma pizza?" Ela observa Ryan com seus olhos azuis enluarados, toda esperançosa.

"Claro." Ele olha para mim (a segunda colocada) e depois para Heather.

"Encontro vocês lá", digo. Olho escancaradamente para Heather. "Não se esqueça da calabresa."

Ela morde o lábio.

E é isso aí. Missão cumprida.

Saio do bar e chamo um táxi.

Senhoras e senhores, chegou a hora daquele potão de sorvete.

Ao chegar em casa, vejo a luz da secretária eletrônica piscando.

Jake!

"Oi! Liguei só para dizer boa noite. Tomara que você não tenha sido multada. Durma com os anjos..."

Humm. Será que eu morri e ressuscitei num lugar onde os homens realmente ligam quando dizem que vão ligar?

Ouço a mensagem três vezes, pego o sorvete de chocolate no congelador (essa história de *sorbet* não é para mim, muito obrigada) e estaciono na frente do laptop.

Hoje Heather me inspirou a dedicar o Capítulo Dois a ela.

O Livro Secreto do Banheiro Feminino

Capítulo Dois
Sexo Casual

Meu caro, permita-me compartilhar algo. Se você está num bar, conhece uma menina "legal" e essa menina "legal" vai ao banheiro com uma amiga, as duas vão dissecar você completamente. Pedacinho por pedacinho. E, depois disso, a menina "legal" pode até decidir ir para a cama com você.

Não se engane, meu amigo. O Banheiro Feminino é a linha de frente.

É o primeiro lugar aonde uma mulher vai para decidir se você vale uma noite de sexo casual.

Antes de embarcar numa noite de sexo casual, é comum as mulheres irem ao banheiro se aconselhar com as amigas, numa excitante conversa chamada "Debate Sobre Sexo Casual: os prós e contras de transar com um estranho". O Debate S.S.C. é requisito básico antes de qualquer cena de sexo contra a parede, antes do *ai, ai, bem aí, vai meu amor, bem aí...*

O Debate S.S.C. é essencial, e funciona mais ou menos assim:

"Ele é tão gostoso. Não sei. O que fazer? Transar até ele ficar com os olhos revirados?"

Normalmente essa conversa inclui três mulheres. No meio da confusão está a Candidata à Noite de Sexo Casual. As duas outras são a amiga Vegetariana e a amiga Carboidratos.

Mulheres Carboidratos são pecadoras, amigas do tipo é-gostoso-então-coma-mesmo. Fazem o estilo *carpe diem*, "apanha-os-botões-de-rosa-enquanto-podes". Em geral, a amiga Carboidratos tem um currículo que inclui uma lista de noites de sexo casual extensa o suficiente para deixar Calígula corado. Ela diz frases libertadoras e encorajadoras como: "Para quê esperar, querida? Pode ser que você acorde amanhã e seja atropelada por um ônibus". Ou então: "Um pouquinho de rala-e-rola não faz mal a ninguém".

No outro canto do ringue está a amiga Vegetariana, do tipo você-malhou-hoje-de-manhã-tem-certeza-que-quer-encher-a-cara-de-purê-de-batata? Ela é a amiga que diz: "Confira a temperatura da água antes de mergulhar". Uma mulher Vegetariana fala coisas do tipo: "Você se esqueceu das doenças sexualmente transmissíveis?". Ou então: "Ele não vai telefonar" e "Você quer ser respeitada no dia seguinte?".

Ela quer que todo mundo volte para casa *imediatamente*.

"Você vai me agradecer amanhã", costuma dizer.

Senhores, é de seu interesse pessoal pagar muitas, muitas rodadas para a amiga Vegetariana. Assim, quando ela chegar ao banheiro, é pouco provável que esteja contra você, e muito provável que jogue os braços para o alto, abra as mãos e diga: "Faça o que você quiser, amiga! Se você quer partir para o abraço, vai nessa".

Bom, se você for um homem esperto, sua próxima pergunta será: "Como diferenciar a Carboidratos da Vegetariana? Como saber para quem devo pagar as bebidas?".

Veja, a resposta é bem simples. Pague bebidas para *todas,* porque você jamais será capaz de distinguir uma da outra. Você pode até pensar que controla a situação. Pode olhar para as mulheres e dizer: "Aposto que a amiga Carboidratos é a de vestido justo e a Vegetariana é aquela com cara de quem acabou de chegar de um piquenique com a turma da igreja".

Mas podem acreditar no que digo, senhores. A garota que estava no piquenique da igreja pode muito bem ser a mulher Carboidratos DISFARÇADA.

É... Nós, mulheres... Somos muito traiçoeiras.

Catorze

La Cucara-*CHA*!

Atravesso a cozinha e salto para pegar o celular, como uma estrela do atletismo olímpico.

"Alô?" Falo com uma voz rouca, a mais sexy possível. Torço para ser você sabe quem.

"Tudo bem, Claire? Você está doente?"

É o Charles.

"Não. Por quê?"

"Você está rouca."

"Está tudo bem", digo, segurando o telefone.

Ele limpa a garganta. "Olha, Claire, em relação ao quadro..."

O telefone faz um bipe.

Com toda a calma, digo: "Um minuto, Charles. Tem uma ligação na outra linha". Aperto o botão.

"Alô?" (Voltei para a voz sexy.)

É Heather: "*Duvido* que você adivinhe o que aconteceu ontem".

"Espera aí. O Charles está na outra linha."

"Claire, pelo amor de Deus. Fala para ele parar de ligar! ACABOU."

Aperto o botão.

"Olha... É a Heather na outra linha. Ela está descontrolada."

"Vou mandar uma passagem de avião para você", diz Charles, sério.

Estou na cozinha. Seguro o telefone. Inspiro e expiro.

"Preciso ver você." A voz dele parece ter voltado a ser como era antes. Suave. Convincente. O bom e velho Charles. Imediatamente consigo imaginá-lo, sentado no sofá, sorrindo para mim. A revista de palavras cruzadas no colo. O cheirinho de torradas com manteiga no domingo de manhã. A dor ataca rápido, uma faca Guinzo cortando minhas entranhas.

"Não é uma boa idéia", digo. Minha voz sai horrível. Fraca, comum.

Ele faz silêncio. Um longo silêncio.

Depois diz "até, jacaré", e desliga.

Respiro fundo. Aperto o botão.

"E aí? O que é que o Garanhão queria?", pergunta Heather, sem rodeios.

"Ele quer o quadro de volta."

"Ah, então tá. Isso é uma desculpa para ligar", diz ela.

Olho para o chão. "Vamos falar de você", digo baixinho.

"Tudo bem. Você não vai acreditar. Ryan e eu fomos para a minha casa e pedimos uma pizza. Ele perguntou: 'A Claire não vem?' E eu: 'Provavelmente não. Ela vive me dando o cano'."

"Obrigada."

"De nada. Bom, aí a gente começou a se agarrar, arranquei a camisa dele... Foi botão para todo o lado. Ele ficou com as calças arriadas nas canelas, e caímos os dois no chão. Era uma coisa apaixonada, suada, e ainda por cima ele sussurrava: 'Heather. Não pára. Não pára'."

"Achei que você não ia transar com ele." (*Amiga Vegetariana.*)

"Não resisti, Claire. Quando vi o corpo dele, não tinha como. Imagine um corpo masculino perfeito – ombros largos, cintura malhada e uma bunda maravilhosa. Como eu ia resistir a isso?"

"Você fez a prova do leito de morte?"

"Claro. E percebi que, no meu leito de morte, eu iria olhar para trás e me arrepender se não tivesse ido em frente. Aí..." Heather expira, parece que está dizendo "ufa".

"A gente estava a toda. Em todos os lugares. No sofá, no chão, em todos os lugares. Aí eu falei: 'vamos pegar gelo'. Ele me pegou no colo e me carregou até a cozinha, me colocou em cima da mesa, e eu enroscada na cintura dele, e a gente mandando ver *em cima da mesa*, Claire. E aí tocou a campainha. Adivinha quem era?"

"Seu pai?"

"Engraçadinha. Não. O entregador de pizza! Ele estava do lado de fora da janela da cozinha, segurando uma pizza grande de champignon, vendo tudinho, com um tremendo sorriso na cara."

Heather solta um suspiro – um suspiro longo, pós-coito, como quem diz "me passa um cigarro". "Desde que os dinossauros habitaram a Terra, nunca foi tão bom. Juro."

"Nossa. A Casa Pornô de Heather. Que inveja." (*Amiga Carboidratos.*)

"Espera. Vai ficar ainda melhor. Ele dormiu abraçadinho comigo a noite inteira."

"Que beleza. Um sexozinho e uma abraçadinha. E aí? Vocês já sabem se é sério?"

"Ele vai me levar para jantar no Truluck hoje. Ele garante que lá tem robalo fresco."

"O oceano mais próximo fica a 800 quilômetros, Heather. É robalo congelado, pode acreditar."

"Não interessa, Claire. Às vezes a gente tem que fingir que acredita, sabe?"

"O problema é que não tenho um sapato para usar. Você tem alguma coisa para me emprestar?"

"Que tal aquele sapato alto, de couro de jacaré, que o Aaron escolheu pra mim?"

"Não, obrigada. Não quero que o Ryan pense que faço *strip* num inferninho de quinta categoria."

Fico boquiaberta.

"Parece sapato de *stripper*? Meu Deus! E eu usei para sair com o Jake!"

Heather suspira. "Por favor, não diga nada para o Aaron. Não quero que ele dê um ataque de bichice comigo."

Marcho até o quarto, abro a porta do armário e jogo os sapatos numa sacola.

"Deseje boa sorte", diz Heather.

"Bota para quebrar."

"Mas não quebre a camisinha", diz Heather, e rimos as duas.

Desligo o telefone arrasada. Meu namorado é um cara com um potencial maravilhoso, e eu saio por aí circulando com um sapato de *stripper*.

Vou me arrastando até a porta, bem a tempo de ver Aaron chegando.

Vejam só. Falando no diabo.

Meu amigo tingiu o cabelo de um tom grisalho diferente. Como sempre, parece que ele saiu de um comercial da Calvin Klein. Usa uma calça de couro e um cinto Gucci com um G de cristal bem no meio.

"Isto é um seqüestro", diz ele. Abre a porta e vai entrando. "Eu estava assistindo *Gandhi* e me deu vontade de comer comida indiana. Permita-me convidá-la para um *curry* no bufê do Clay Pit."

Arranco os sapatos de dentro da sacola e seguro bem no nariz dele, com um ar ameaçador. "Por que você não me disse que isso aqui é sapato de *stripper*? A Heather disse que eu fico parecendo uma dançarina de boate de quinta categoria!"

"É claro, queridinha. Veja quem é a fonte da informação", diz ele, gesticulando suavemente com as mãos. "Ela sai por aí usando um sapato de ponta de estoque, enquanto você circula com o que é *avant-garde*. Você *dita moda*."

"Vou doar para uma instituição de caridade."

"Neste caso, vou para lá agora mesmo comprar os sapatos para você de novo."

"Você não tem dinheiro."

"Por favor, chega desse assunto. Sou um artista. *La Bohème*."

Aaron coloca os óculos escuros na testa e passa por mim em direção à sala.

Jogo os sapatos no chão, e eles fazem *bong* ao cair no piso de madeira.

"Você fica em casa o dia inteiro assistindo TV a cabo", digo.

"Desde quando apatia é crime?" Ele afunda no sofá e olha para mim com aqueles olhos verdes que vivem arrumando encrenca.

"Você está quase sendo despejado, Aaron." Sento ao lado dele e acaricio seu joelho.

"Bolei um plano para seduzir o proprietário, queridinha."

"O proprietário é uma velhinha de setenta anos."

Aaron puxa um cigarro de trás da orelha, acende e dá uma tragada. O cigarro cai para o canto da boca e fica pendurado ali, meio sacana.

"Nada que uma venda nos olhos e um Viagra não resolvam."

"É sério, George." Uso o primeiro nome dele. (P.S. Sou a única com permissão para fazer isso.) "Você precisa de dinheiro para o aluguel? Tenho minha poupança de emergência..."

Aaron deixa a cabeça cair para o lado. "Não, nada de esmolas para os pobres. Aqueles ogros deveriam *me* pagar para morar lá. Você sabe que tenho de lavar a louça todas as noites para não deixar as baratas fazerem uma festa na pia."

A fumaça do cigarro fica flutuando ao redor do seu rosto.

"Essa conversa sobre dinheiro. É uma coisa *tão* burguesa. Por enquanto, basta você confiar no que digo sobre o sapato, Claire Querida. Ele é maravilhoso. Lembre-se do nosso lema – quem não tem élan não tem um tchan."

Ele olha para a lareira e vê o quadro.

"Achei que você não fosse pendurar." Ele me olha como se eu tivesse feito uma molecagem.

"Eu só queria ver como ficava na parede", respondo rápido.

Aaron apaga o cigarro. Ele se inclina no sofá e põe as mãos por trás da cabeça.

"E aí?" Ele levanta a sobrancelha. "Ficou bom?"

Mexo os pés no chão. Olho para o quadro, ainda torto na parede. "Não sei. O que você acha?"

"Ficou pesado."

La Cucara-cha!

Aponto para o telefone. "É isso que você considera um toque aceitável?"

Ele promete: "Vou mudar a configuração".

La Cucara – atendo o telefone sem pensar.

"Diz aí, qualé a tua?" Para fazer Aaron rir, forço um sotaque de mano da periferia.

"Está com saudades, querida?"

Jake!

Ai meu Deus, que voz sexy.

"Fala! (rã-rãm) Quer dizer, oi." Falo mais baixo, tentando imitar Kathleen Turner.

Aaron faz um movimento de degola, com a mão esticada na frente do pescoço: "Pára!", sussurra.

Ignoro. "E a feira?", pergunto, usando minha nova voz sexy e grave.

"Você está resfriada?", pergunta Jake.

Ai, meu paizinho.

Aaron – como sempre – tem razão.

"Não (rã-rãm), tudo bem. Minha garganta está arranhando um pouco, só isso."

O traidorzinho cai na gargalhada atrás de mim.

Dou uma voltinha e lanço um olhar de "diva" para ele. Aaron arregala os olhos e tampa a boca com a mão.

"Olha, acho que vou conseguir voltar antes", diz Jake. "E você sabe que quinta-feira é dia 12. Você já tem planos?"

É Dia dos Namorados!

Euzinha? Nananinanão! Nenhum plano. Estou totalmente disponível.

"Bom, Matt Damon me ligou. Mas eu disse que já estava reservada para você."

"Claire, Matt Damon não tem o que eu tenho."

"Ah é? O que é que você tem?"

"Eu tenho um interesse considerável por você. Então nos vemos na quinta, querida."

Meu coração bate tão rápido que dá até para ouvir. Um milhão de gnus cavalgando pelo solo da África. E aí me dou conta. Meu problema é sério.

Estou me apaixonando para valer.

Corro para o banheiro, as bochechas coradas de alegria. Aaron, meu pequeno Inspetor Clouseau, vem atrás de mim.

"Conta", implora ele.

"Nada demais – Jake quer sair comigo no Dia dos Namorados." Lavo o rosto com água fria.

Aaron me olha no espelho. Levanta um dedo incriminador.

"O que foi?" Olho para ele. Ôpa. Pista escorregadia a 500 metros.

"AimeuDeus, Claire. Você está fingindo!"

Que saco, Aaron. Parece um cão perdigueiro.

Pego um delineador roxo-escuro da Mac e me aproximo do espelho. Ele tira o lápis da minha mão.

"Durante o dia, jamais", diz, balançando o dedinho. E estica um lápis bege.

"Incline a cabeça", ordena. Ele desenha com o lápis ao redor dos meus olhos. "Olha, talvez seja melhor você ir devagar com esse cara. Sentir o terreno."

"Ainda nem transamos."

"Não pisca!"

"Desculpa."

"Não estou falando de sexo, estou falando de sentimentos. Agora você está sozinha. É natural que queira encontra alguém para preencher esse vazio. Mas não confunda pequenos mimos com o que realmente importa, Claire. Lembre-se: nem sempre um corpo para aquecer é melhor do que um tempo para esquecer."

Aaron. Como eu gosto do meu amigo. Quem diria que um sábio pode surgir vestindo um Gucci vintage*?*

"Chega de pregação", diz ele, torcendo o lápis no apontador.

Viro para me olhar no espelho. Como sempre, ele maquiou meus olhos como um profissional.

"Então, queridinha. Já que nós dois dependemos de caridade, que tal ganhar um dinheirinho extra?"

"Eu não vou – repito – NÃO vou usar biquíni."

"São quinze dólares por hora, mais as gorjetas", diz Aaron. Ele me pega pela mão e começa a rodopiar. "Por favor, Clari-nha. Você precisa de dinheiro. Pegue o biquíni e venha avec moi."

"Tenho que escrever."

"Traga o laptop no carro."

Capítulo Três
Por que os Gays têm Direito a Ingresso VIP para o Banheiro Feminino

Se você for *gay* e estiver lendo este Livro Secreto do Banheiro Feminino, eu gostaria de fazer um agradecimento sincero e profundo, em nome de todas as mulheres do mundo. Obrigada, *gays*. Obrigada.

Vocês sempre serão bem-vindos no nosso banheiro. Explico...

1. Via de regra, vocês têm um talento nato para maquiagem. (Tudo bem, eu sei que isso é um estereótipo. Já posso ver um exército de *gays* vindo me pegar num beco escuro, munidos de secadores de cabelo e tubos de laquê. Mas minha lógica irrefutável vai resolver tudo. Vou dizer o seguinte: "Quem foi que disse que estereótipos são necessariamente *ruins*?". E depois vou colocar um CD antigo da Madonna – e vamos dançar "Vogue" a noite inteira.)

2. Vocês são almas gêmeas, são confidentes, e o banheiro feminino é um lugar para compartilhar segredos. É onde colocamos tudo para fora. Vocês são príncipes em dificuldades, são reis em crise. Quando ficamos nervosas e não sabemos o que fazer, perguntamos para vocês. E vocês, em sua infinita sabedoria, nos dizem o que fazer.

3. Vocês sabem tudo o que é preciso saber sobre todas as coisas. Se aparecemos com uma charada do tipo: Uma camiseta do *show* do David Bowie combina com maquiagem preta *heroin chic* e um All Star de cano alto?, vocês respondem: o rosto de David Bowie combina com qualquer coisa. Entretanto, maquiagem preta *heroin chic* saiu de moda há *décadas,* e All Stars de cano alto – todos eles – deveriam ser incinerados. P.S. A-mei o cabelo. Mas pode despachar esse namorado uó. Ele parece um homem das cavernas, e você é boa demais para ele.

4. Vocês são espiões da causa. Estão do nosso lado. São os melhores agentes infiltrados no banheiro, porque transitam entre os dois mundos. Têm acesso à psique e às conversas masculinas, mas são leais a nós – as deusas.

5. Vocês são os Liberaces do reservado. Artistas por natureza. Queremos vocês, gays, no nosso banheiro. Queremos o clima alto astral, de champanhe borbulhante, que só vocês conseguem criar. É impressionante: vocês conseguem juntar cocô e gargalhadas.

Quinze

"NÃO ACREDITO QUE VOCÊ ME CONVENCEU a fazer isso, seu desequilibrado!", esbravejo.

"Continua rebolando. Você está divina!", grita Aaron.

Estou na esquina da Cesar Chaves com a Congress, um dos cruzamentos mais movimentados do centro, vestindo trajes de banho – em pleno inverno.

Meu amigo usa uma sunga cavada, rosa-shocking. Ele comprou a peça há cinco anos, durante um "Flerte Italiano de Primavera" com um homem mais velho. Aaron chamava o cara de Vô, porque ele pagava tudo – comprava refrigerantes, sorvetes, passagens de primeira classe para a Itália.

Na semana seguinte à volta da viagem, Aaron terminou com o Vô.

"Ele cutucava minha barriga com o dedo o tempo todo", explicou. "Quando ele contava uma piada, me cutucava como se eu fosse um boneco de marshmallow. Acho que ele pensava que eu iria coçar a barriga e dizer 'rá rá rá'."

Eu disse: "Você está parecendo o Richard Gere em *Gigolô Americano*".

"Por favor. Sou muito mais gostoso do que *A Força do Destino*."

"Sem dúvida."

Olho para a rua. Aaron abana um cartaz sobre a cabeça, com os dizeres LAVA-RÁPIDO BIG DAVE. PARA VOCÊ LAVAR O CAPÔ, NÓS ATÉ USAMOS MAIÔ. Ele prendeu latas de café em pó na cintura, dos dois lados do cinto de cristais Gucci. Parece um mendigo caubói.

As latas de café são um sucesso. São de café suíço, e Aaron pede para as pessoas depositarem dinheiro em sua "conta na Suíça".

As pessoas param, buzinam e fazem sinal de positivo. Todo mundo joga gorjeta nas latas.

"Claire, pára de se esconder atrás do cartaz!", grita ele, olhando para mim. "As pessoas não estão vendo você."

"Não posso fazer isso, Aaron!", sibilo. Direto ao ponto: por que fazer isso? É uma coisa libertadora? Ou doentia? Quero reaver meu antigo *joie de vivre*? O brilho que deixei em Nova York? Eu me lembro exatamente do momento em que a luz dos meus olhos foi se apagando, até se transformar numa cabecinha de alfinete. O momento exato em que meu farol alto foi reduzido a uma lâmpada de baixa voltagem. Foi na noite em que descobri *a prova*. Em que coloquei Charles cara a cara com *a prova*.

Eu estava calma. Muito calma.

Anestesiada, até.

Lembro de despencar no chão do quarto, os e-mails que ele escrevera para ela apoiados no meu colo. Charles entrou carregando sua pasta. E sacou imediatamente.

Ele disse: "O problema não é você, Claire."

Olhei para ele – uma esposa vazia, destruída, aos pedaços – e disse...

"Por quê?"

Aaron fica no meio da rua gritando: "Por que você não pode fazer isso, queridinha? Vai no embalo. Não precisa agir o tempo todo como a Sra. Advogada Séria. Requebre pelo menos uma vez na vida, Claire!".

Olho para meu biquíni de babados, estampado com abacaxis e copos de Martini.

Encolho a barriga. Não faz diferença nenhuma.

Levanto bem alto o cartaz do Lava-rápido Big Dave.

Nada. Nadica. Necas.

Finalmente, os deuses se apiedam de mim e enviam um sujeito gordo, careca, em plena crise de meia-idade, num Porsche conversível. Ele dá uma freada e segura uma nota de cinco dólares com os dedos gorduchos.

"Belo traseiro", diz.

"Obrigada. Acabo de dar uma recheada nele", respondo, pegando a gorjeta.

Ele joga a cabeça para trás e ri, olhando para o céu. "Você trabalha no Hooters?"

"Sou advogada."

"Rá rá! Essa é boa!" Ele acelera o Porsche e passa pelo sinal verde.

Humm. Será que a advogada sanguessuga e malvada não é algo no mínimo socialmente mais aceitável do que isto? Esse lance de propaganda me parece mais é uma mendicância melhorada.

"Aaron George Michael! Não posso fazer isso!", grito. Mas Aaron me ignora. Está paquerando um cara loiro num mini Cooper, e já chegou até à fase de escrever o telefone num pedaço de papel.

Que ótimo.

Meu melhor amigo marcou um encontro com um cara bonitinho que tem um mini Cooper. Isso sem falar no bolo de notas dentro das latas de café.

Enquanto isso, faturei cinco dólares de um gordo em crise de meia-idade.

Em vez de encarar esse momento como uma humilhação total, o Ponto Mais Baixo de todos os tempos, decido reacender minha chama interior.

Pego uma canetinha preta na mochila e escrevo um cartaz novo, improvisado.

O CD player de Aaron está no chão. Vou até lá e aperto o *play*. Britney Spears está cantando "Oops! I did it Again". Opa! E agora lá vou eu de novo.

Aaron e o cara do mini Cooper olham para mim. Levanto meu novo cartaz e rebolo como se estivesse com um bambolê na cintura.

Exalo talento bruto. Sou uma artista. Um espetáculo.

Aaron dá um gritinho: "U-rú! Vai fundo, garota!". Ele corre na minha direção, segura meu braço, e dançamos um belo tango no meio da calçada.

Dançamos, cantamos e nos divertimos tanto, que nem reparamos na van do canal de TV que estaciona na rua.

Quando me viro, fico paralisada. Um cinegrafista ajoelhado está me filmando.

"Ligaram para a emissora para falar de vocês", grita ele. "Vocês vão aparecer no jornal das cinco!"

Ai. Meu. Deus.

Dezesseis

"Passe o *chutney* de manga." Aaron está com a boca cheia de arroz.

Sentados no chão da sala, televisão a todo volume, aguardamos nossa estréia triunfal. Há dez embalagens de isopor na nossa frente. Aaron queria esbanjar, então fomos ao Clay Pit e largamos cinqüenta pratas por lá.

Mordo um pedaço de pão naan. "Aqui tem comida suficiente para alimentar a Caxemira."

"São apenas sobras", diz Aaron, e enfia o garfo no frango tandoori.

"A seguir – confira o que dois espertinhos de Austin aprontaram para faturar uma grana extra."

Pego o controle remoto e aumento o volume.

Aaron agarra meu braço. "Prepare-se para seus quinze minutos de fama!"

"Ainda bem que o Jake está viajando."

As primeiras imagens são de Aaron se bacaneando no meio da rua, as nádegas rígidas dentro da sunga Speedo.

"Você está ótimo!", digo. E é verdade.

E, de repente, lá estou eu. Na televisão.

Parece que tenho uma pochete na barriga.

"Noooooooossa! Que mulher to-to-sa!", diz Aaron.

"Pareço um peru de Natal!"

"A câmera engorda uns sete quilos, Claire." Aaron engole um grão-de-bico.

Quando percebo que o jornal local do canal 8 é comandado por um bando de idiotas, sou tomada pelo horror. Eles decidiram colocar esse meu momento mágico no ar. Que culpa eles têm? O ângulo é perfeito. Vou ziguezagueando pela rua, segurando o cartaz lá no alto. Aí eu me viro, percebo o cinegrafista e fico de queixo caído. Lenta, muito lentamente, me dou conta da situação. Abaixo o cartaz rapidinho, como um escudo para esconder meu corpo. O cinegrafista, aquela raposa desgraçada, dá uma volta e capricha no *close*. Seguro o cartaz na frente da minha bunda. Minha bunda não vai aparecer na televisão. Não senhor.

"Ahhhh, Claire!" Aaron dá um berro e cai no chão. Ele se contorce, rola e ri feito uma hiena.

O cartaz diz: SOU ADVOGADA. MEU BUMBUM É MEU SELO DE GARANTIA.

Dezessete

Laura é minha amiga mais antiga. Aquele tipo de amiga que você conhece na quarta série, com quem divide a merenda para o resto da vida. Tudo isso porque ela sentou ao seu lado na cantina. Porque ela não estava nem aí se sua calça jeans não era da Jordache. Ou se você usava aparelho, se seu cabelo era bizarro, se sua lancheira era brega. Na-não. Ela estava pouco se lixando.

Laura trabalha num banco internacional em Frankfurt. Ela faz telefonemas do banheiro do escritório. Diz que o banheiro é seu "segundo escritório". O escritório de verdade ela divide com um alemão, que apelidou de "A Pulga". A Pulga nunca sai da mesa – nem para almoçar –, por isso Laura não consegue ter conversas particulares com ninguém.

Duas vezes por mês, às seis da manhã, hora do Texas, minha expatriada preferida me liga.

"*Guten Morgen.* Acordei você?" Ela sempre pergunta isso. Ela sabe muito bem que as chances de ter me acordado são grandes.

É claro que a Laura pode me ligar a qualquer hora do dia ou da noite. Isso jamais me incomodaria.

No dia seguinte ao meu embate com Charles, eu liguei para Laura. Nunca vou esquecer nossa conversa.

"Charles está tendo um caso. Eu me mudei para um hotel." A tranqüilidade da minha voz era quase sinistra.

"Não é bom você ficar sozinha." Naquela noite, Laura entrou num vôo da Alemanha para Nova York. Quando eu não conseguia comer, ela tentava enfiar iogurte pela minha goela. Quando eu ficava encolhida, abraçada nos joelhos, ela penteava meu cabelo.

Laura pode me acordar a qualquer hora.

La Cucara-cha.

O telefone. Meu Deus do céu, o telefone toca. Ainda estou dormindo, telefone.

La Cucara-

Aaron, desgraçado.

Estico um braço inerte e derrubo o telefone da mesa de cabeceira.

"*Guten Morgen.* Acordei você?"

"Espera aí", resmungo. Tateio o chão. Pego o telefone e coloco no ouvido.

Consigo ouvir o barulho dos saltos de Laura batendo no chão.

"Acordei você?", ela repete. (Sempre faz isso.)

Viro de lado.

"Não."

"O que você estava fazendo?"

"Passando roupa."

"Então acordei você."

"Não se preocupe. Você já está no banheiro?"

"*Ja, ja.*" (Agora Laura fala "*ja, ja*", e não mais o velho conhecido "sim".)

"Você sabe que não dá para falar na frente da Pulga", diz ela. "Pelo menos não no horário de trabalho. Sabe lá o que pode acontecer se eu passar cinco minutos num telefonema particular. A gente perderia uma conta milionária, e o Euro entraria em colapso."

Fico rindo, imaginando Laura, o rosto queimando com o mesmo olhar desafiador que ela guarda desde a infância. Lembro-me da minha amiga destemida lançando esse olhar no pátio, quando uma das meninas bonitinhas, a líder da turma, fez piada da minha lancheira dos Bee Gees. Laura avançou, empurrou a menina no chão e disse: "Vai lavar a cara com ovo". E isso virou uma brincadeira nossa. "Vai lavar a cara com ovo".

Laura sempre foi uma menina-Jordache. Uma líder da turma. Imagino que ela esteja vestindo uma roupa refinada. Um terninho bem cortado, de risca de giz. O cabelo preso num rabo-de-cavalo perfeito, imponente. Sem um pingo de maquiagem. Bonita sem fazer esforço.

Que saudades da minha amiga.

"Tudo bem?", pergunto.

"Dei uma de Glenn Close."

"Você cozinhou o coelhinho de algum cara?" A piada tem um fundo de verdade. Laura tem ascendência grega, ela é esquentada.

"*Scheisse*! Espera um minuto." Ela tampa o bocal do celular e fala em alemão com alguém. É alguma coisa assim: "*Schtêk Main Víner Schnítzel*".

Sento na cama e ajeito os travesseiros nas costas.

Tenho a impressão de que Laura e eu estamos prestes a compartilhar mais um Relatório Geral sobre o namorado dela.

Minha amiga querida, que Deus a abençoe, está apaixonada. Ele se chama Alexander, ou "Alex", e ainda mora com a ex-namorada. Parece um daqueles filmes europeus pervertidos de *ménage*, não é? Quando Alex não dorme na casa da Laura, ele dorme no próprio apartamento, com a ex. Uma berlinense cheia de manias, que Laura chama de "A Ariana".

Quando volta à linha, Laura diz: "Desculpe. Ninguém *nunca* usa este banheiro".

"Então, me conta", provoco. Minhas costas começam a doer. Percebo que é melhor levantar e ir até a cozinha.

Encho a chaleira. Ainda está escuro lá fora.

"Encontrei A Ariana há uma semana numa cervejaria. Ela veio na maior cara-de-pau, com aquela cara de *Aich Main Ain Berliner*, e disse que o Alex está vivendo *uma fase*. 'Não fique achando que vai durar', foi o que ela disse."

"Não Esperra que Esta Namorro Vai Durrar?", digo.

"Muito engraçado, Claire. É melhor você desistir de falar alemão. Bom, A Ariana manda torpedos o dia inteiro para o celular dele. O tempo todo. Até quando Alex e eu saímos para jantar. Ele não ousa ligar para ela. Mas o Sr. Importante viajou para Barcelona esta semana, e descobri que pediu para *ela* ir ao escritório dele pegar a correspondência."

"E daí?"

"E daí que ele não *me* pediu para pegar a correspondência."

"Você queria pegar a correspondência?"

"Não é isso, Claire. A Dona Santinha é o porto seguro dele. Ela faz tudo – recolhe a correspondência, lava a roupa dele. Dá uma de dona de casa perfeitinha. Eu trabalho feito uma condenada... Estou *construindo uma carreira*... E ele vai para casa comer pão quentinho. Pelo amor de Deus. Mesmo que esteja *apaixonado* por mim, ele nunca vai abandonar o porto seguro."

"Não consigo entender essa história de 'não é paixão, é amor'."

"Ele ainda ama A Ariana, Claire. Mas está *apaixonado* por mim."

"Ele transa com ela?"

"De jeito nenhum! Ele não tem permissão para transar com ela. Ponto final. É a regra."

Coloco a chaleira no fogão e ligo o fogo alto. O fogão faz clic, clic, clic. A chama azul finalmente acende. Se eu estivesse olhando de perto, teria queimado as pestanas.

"Se ele não transa com a ex, então qual é o problema?"

"Ele ligou ontem à noite e cancelou nosso jantar."

Ouço a tragada que Laura dá no cigarro. Parece um "Shhhhhhh".

"Ele disse que vai sair com A Ariana para comemorar o aniversário dela. Você acredita? Diz que é 'coisa de amigo'. Eu falei 'tudo bem! Mas não me ligue nunca mais'. Desliguei, e meia hora depois ele estava na porta da minha casa. Abri a porta e ele não falou nada. Ele me jogou no chão e tivemos uma cena de sexo pornô na frente da lareira. Depois de tudo, perguntei: 'isso quer dizer que você não vai mais sair com ela?'. Ele respondeu: 'Ah, Laura', e fez uma cara ridícula de cão sem dono."

"Típico."

"Fiquei tão enfurecida que joguei as roupas dele pela janela."

"Sério?"

"*Ja, ja*! Aí ele agarrou meu roupão de banho. E saiu correndo. Descalço e tudo. Com tudo à mostra, porque ele é alto e o roupão é pequeno. Desceu as escadas correndo, gritando. Estava puto. Tudo bem, Frankfurt é uma cidade grande. Mas imagina se alguém vê um cara na situação dele."

"Laura, acho que você exagerou."

"Aí liguei para ele e disse 'Alex, ou ela ou eu, você decide. Mas se você sair para comemorar o aniversário dela, acabou. Finito'. E ele disse – você não vai acreditar, Claire – que sou escrava de valores americanos medíocres e piegas sobre como deve ser um relacionamento 'normal'."

"É claro, Laura. A culpa é toda sua. Ele não tem nenhum problema. Ah, vai lavar a cara com ovo."

"*Ja, Ja*. Vai lavar – *Scheisse*! Entrou alguém no banheiro." Laura fala baixinho. "Tenho que voltar. Antes que A Pulga mande uma mensagem de emergência via satélite."

"Mantenha-me informada."

"*Ja.*"

Desligo, faço uma xícara de chá preto e me instalo diante do laptop. O vizinho da frente caminha até o carro, e está de terno – o que é raro em Austin. Ele me olha pela janela da cozinha e acena. Levando a xícara de chá.

"Saúde", digo. Mexo no mouse e começo a digitar. O Capítulo Quatro é dedicado a Laura...

Capítulo Quatro
O Banheiro do Escritório
Fugir é Possível. Esconder-se, Não

Senhores. Companheiros. Homens em cargos de chefia. Tomem nota. Se vocês têm alguma subordinada mulher, é melhor prestar atenção. O banheiro do escritório é igual para todos. Não importa quão alto seja seu cargo na hierarquia da empresa – a privada que você usa é igual à de todos. Você pode até ganhar meio milhão de dólares por ano e ter uma Mercedes conversível, mas sabemos que você leva o jornal para a casinha. Não pense que não percebemos.

O banheiro do escritório existe cinco dias por semana, 365 dias por ano, à exceção de quando estamos doentes ou de férias. Não há escapatória. Vocês devem se perguntar o que as mulheres do escritório fazem no banheiro. Muito bem, senhores. Hoje é seu dia de sorte, seus delinqüentes.

1. Enrolação. Meu saco está tããão cheio hoje. E são só onze horas. Quero ler a nova *Vanity Fair*, mas e se o novo gerente me vir? A-rá! Banheiro, aqui vou eu! Hummm. Quanto tempo será que dá para ficar aqui até ele me considerar desaparecida?

2. Número Dois. Essa não. Não vai ser nada agradável. Eu não deveria ter comido tacos na hora do almoço. Ai, minha barriga. Melhor não ir neste andar, e se alguém entrar? Talvez o quinto andar. É isso aí, não conheço ninguém do marketing.

3. Celular. Tenho que ligar para a Stacy e contar do cara de ontem. Vou me esconder no banheiro, ligar para ela, ouvir meus recados e depois voar de volta para a mesa. Ah, como eu queria ser dona do escritório. Assim eu poderia fazer todos os telefonemas particulares que quisesse.

4. O Cofre do Papel Higiênico. É uma luta com esse porta-papel higiênico gigantesco. Tento fazer o papel sair. Está preso lá dentro, parece um caixa eletrônico de papel higiênico. Pelo amor de Deus, como é que essa porcaria sai? Tenho que enfiar a mão lá dentro? Mas e esses dentinhos afiados de plástico? O que será que meu chefe pensa? Que vou roubar papel higiênico? Hummm. Considerando meu salário, não seria má idéia.

5. Divisórias. Acabo de ver meu chefe entrar no banheiro segurando um jornal. Será que ele sabe que dá para ouvir o barulho do xixi dele? Pelo amor de Deus, é uma divisória, seu panaca. Se liga. A mesma parede separa o banheiro masculino do feminino. Que maravilha. O Chefe Cuzão acaba de peidar. Muito bonito. Ele passou a manhã inteira dando ordens. "Providencie meu almoço." "Quero isso na minha mesa às duas em ponto." Pois está muito bem. O Sr. Superior está com gases. Talvez eu deva deixar um anti-ácido na mesa dele.

Um furgão da FedEx freia em frente à minha casa. Fico surpresa ao ver o entregador atravessar o jardim.

"Um belíssimo dia para você!" Ele me passa uma prancheta.

Olho o envelope.

Charles.

Rasgo para abrir. Na frente do cara da FedEx. Uma passagem cai lá de dentro. Uma passagem de avião para Nova York. Coloco a mão dentro do envelope e pego uma fotografia. Charles e eu. No nosso antigo apartamento. Parados na frente do quadro.

Olho para o entregador.

"Tudo bem, madame?"

Abro a boca. Fecho. Abro novamente. Minha voz sai apagada. "Você pode mandar isso aqui de volta?"

"Tenho um envelope de devolução novinho em folha lá no furgão", ele diz, e aponta por cima do ombro.

"Eu quero."

Ele pisca para mim e volta até o furgão.

Corro até o quarto, o coração disparado no peito. Abro uma gaveta no armário. Lá dentro, debaixo de uma pilha de meias velhas, está *a Prova.*

Nem preciso ler o texto – sei de cor.

Olá, Pessoa.

Não consigo parar de pensar em você. Vamos dar uma escapada este fim de semana. Para algum lugar quente. C vai para Denver trabalhar no "grande caso". É o momento perfeito para fugir.

Charles

P.S. Não se esqueça do corpete vermelho.

Pego o e-mail e corro até a porta. O entregador acena com o envelope.

"Aqui está", diz ele.

"Obrigada." Enfio o e-mail, a passagem e a fotografia lá dentro e escrevo DEVOLVER AO REMETENTE.

"Nossa, madame. Tudo bem? A senhora está meio vermelha."

Cerro os dentes. "Nunca estive melhor."

Dezoito

É UMA DECISÃO SÚBITA. *Não* vou permitir que Charles estrague meu dia. Não vou permitir que ele me mande direto para o congelador e...

Abro a gaveta de utensílios da cozinha e procuro a Colher Gigante. A colher que meu pai me deu "de brincadeira" num aniversário. O cartão dizia: "Para usar numa emergência. Com amor, Papai".

Marcho até o congelador e fico paralisada.

O pote de sorvete desapareceu.

Aaron. Aquele safado intrometido.

Pego o telefone e ligo para ele.

Ele atende: "Muro das Lamentações, em que posso ajudar?".

"Charles-mandou-uma-passagem-de-avião-para-Nova-York." Falo correndo, confusa, aos soquinhos. "E-uma-foto-de-quando-éramos-casados", acrescento. "Mandei tudo de volta para ele, junto com os e-mails que ele escreveu para ELA."

Aaron faz silêncio.

Finalmente, ele diz: "Claire, você acaba de soltar as amarras".

Fico calada.

"Para quando podemos marcar seu próximo choque de realidade?", diz Aaron. Isso me faz sorrir.

"Vem cá, você comeu meu sorvete de chocolate?"

"*Moi*?"

"E o toque do meu celular. Quero um toque NORMAL. Sem música. Entendeu?"

"*Moi*?", ele repete.

Entro no carro e vou para o Taco Shack.

Abro o vidro na frente do *drive-through* e peço o maior burrito do cardápio de café-da-manhã. Custa US$ 1,75 e é imenso. Grande o suficiente para duas refeições.

Avanço com o carro. A balconista já me conhece.

"*Feijón* e *queso*, né?", pergunta ela, com sotaque carregado. Essa menina mexicana é foférrima. Tem uns bracinhos gorduchos e um sorriso torto, lindo. Tenho a impressão de que ela come muito taco e jamais faria o aceno de miss metida a besta se estivesse num carro alegórico. Como se diz em Austin, ela transmite "boas vibrações".

"Um dólar e noventa e nove centavos", diz ela, olhando para o carro. Por causa da BMW, sei que as pessoas, em particular os imigrantes recém-chegados, acham que tenho mais dinheiro do que realmente tenho. Eles ainda não perceberam que, nos Estados Unidos, o que importa são as *aparências*.

A balconista me entrega uma sacola branca.

"Coloquei uma porção extra de molho." Ela dá uma piscada.

"*Muchas gracias*", respondo. O burrito tem um cheiro bom, de massa frita e coentro. Tenho vontade de encostar o carro e devorar tudo.

La Cucara-cha!

Espio o identificador de chamadas.

Oi, mãe.

"Por onde você anda?", pergunta ela, sem rodeios.

"Taco Shack."

"Você já não comeu aí ontem?"

"Foi ontem?" Não posso contar para minha mãe que como um taco sempre que encho o tanque. Porque aí teríamos de ter "A Conversa".

Minha mãe pergunta demais. Na verdade, se ela fosse colocada numa sala cheia de terroristas, nem as cenouras apimentadas seriam necessárias. Ela é boa nisso.

"Você sabe quantos gramas de gordura tem a massa do taco?"

"Mãe, por favor."

"É a mesma coisa que comer três sanduíches de peru."

"Detesto peru. Você sabe disso." De repente, voltei a ser criança. Uma pentelhinha reclamona, de nariz escorrendo.

"Bom, é só para sua informação."

Minha mãe encerra tudo assim. "Bom, é só para sua informação" é seu bordão preferido.

"Quais são as novidades?", pergunto. É uma tentativa de mudar de assunto.

"A Saks está dando cinqüenta por cento de desconto. E nunca se sabe quando você vai ser chamada para uma entrevista, querida."

Viu só? Ela jogou a isca.

"Quando você quer ir?", pergunto rápido. Agora, pensando bem, talvez eu deva comprar uma roupa para meu Grande Encontro do Dia dos Namorados.

"Temos que ir logo, antes que comprem todas as coisas boas", responde ela.

Abro a embalagem de alumínio do burrito.

"Por que você não espera para comer, querida? Eu compro uma salada bem gostosa para você na Cheesecake Factory."

Respondo com a boca cheia: "Combinado".

Dezenove

A SAKS FIFTH AVENUE ESTÁ ENTUPIDA de gente. Parece até que os Rolling Stones vão dar uma canja-surpresa de "Honky Tonky Woman" na seção de roupas femininas.

Paro na fila do banheiro. É uma fila comprida, que se estende porta afora.

Batuco com os pés no chão. Remexo os dedos. Enrosco as pernas. Olho para trás.

As mulheres rondam as prateleiras da liquidação de um jeito que me lembra a Semana do Tubarão no Discovery Channel. Dá para perceber que são caçadoras que atacam só na temporada. São do tipo que não se acanha em distribuir cotoveladas.

Uma senhora coreana, vestindo um Chanel bege e preto, examina os cabides. Ela pega uma jaqueta.

Uma mulher mirrada, sósia da Stevie Nicks, diz: "Desculpe, eu vi a jaqueta primeiro". Ela fala com educação. Com segurança. Sua postura, com as mãos na cintura, indica que ela realmente quer dizer: "Tira a mão dessa jaqueta, minha senhora, antes que eu morda sua perna".

Fico tentada a gritar "Porrada!". Mas a coreana entrega a jaqueta e amaldiçoa Stevie como quem enfia uma agulha num bonequinho de vodu.

Minha mãe vem correndo, mais bonitinha do que nunca. Está usando uma camisa branca de algodão, uma calça de lã preta e... Mas que raios é isso?

Ela está de tênis Adidas preto. Com listras brancas. Ela dá um pulinho na minha frente e faz pose.

"Tchan tchan tchan tchan!" Ela fica na ponta de um pé, depois na ponta do outro, feito uma bailarina. "Olha como sou moderna!"

"É."

"Eu vi a Ellen DeGeneres assim. Ela sempre usa calça com tênis. E ela sempre dança hip-hop. Coisa de nova-iorquino. Hoje em dia todas as mulheres fazem isso."

"Mãe, você tem sessenta anos."

Ela cantarola: "Sou jovem de espírito, querida".

Minha mãe é tão feliz.

"Você já foi?", ela pergunta, e aponta para a porta do banheiro.

"Espera, mãe! Cuidado para não..."

Minha mãe escancara a porta do banheiro com vontade e acerta uma senhora lá dentro.

"Ai, meu Deus. Desculpe!" Ela me olha com uma cara de susto. "Isso aqui parece uma lata de sardinha!"

É mesmo, mãe? Eu não tinha percebido. Faz só uns dez minutos que estou plantada aqui.

"Quem sabe a gente consegue se espremer", diz ela, e se arrasta lá para dentro.

Imediatamente percebo por que a fila está tão grande. As mulheres tentam se enfiar dentro de uma cabine minúscula, à moda Houdini, levando todas as sacolas de compras lá para dentro. Pelo amor de Deus, minha gente. Não se pode mais confiar em ninguém?

Minha mãe é a próxima da fila. Como sempre, ela faz sinal para eu ir na frente.

"Tudo bem, mãe. Pode ir primeiro."

"Que nada. Você está mais apertada do que eu."

Eu poderia ficar aqui discutindo o dia inteiro, mas há uma fila quilométrica de mulheres atrás de mim.

"Mãe, falando sério."

"Vá primeiro", ela repete. Nunca falha. O instinto materno dela eclode toda vez que entramos num banheiro público.

"Mãe, não precisa. Vai você, por favor."

"Não se incomode, querid..."

"Será que uma de vocês poderia entrar *de uma vez*?", diz a mulher atrás de nós.

"Vai, vai", minha mãe me apressa, e me empurra banheiro adentro. Ela venceu, é claro. Sempre perco essa batalha de resistência.

Vinte segundos mais tarde, ela entra na cabine ao lado da minha. Sei que é ela porque vejo o Adidas listrado.

"O dr. Phil lançou um novo livro de dieta", ela anuncia.

"Comprei esse livro para a minha filha!", diz uma mulher na cabine vizinha à da minha mãe.

(P.S. Eu realmente gostaria que minha mãe não falasse nada enquanto estamos no banheiro. Mas não há nada que eu possa fazer. Às vezes ela puxa conversa com uma fileira inteira de cabines – três ou quatro mulheres falando juntas. E de vez em quando elas até saem para almoçar juntas.)

"Ela perdeu quatro quilos! Em duas semanas!", diz a mulher.

"Que maravilha!" Minha mãe comemora. "Claire, você está escutando?"

"CLAIRE!"

"Estou aqui, mãe."

"Viu só? A dieta do dr. Phil funciona mesmo."

"Eu não sabia que ele era um especialista em boa forma, mãe."

"Querida, ele é *médico*."

"Médico de quê?"

"Tem um 'dr.' antes do nome dele. Deve ser médico de alguma coisa."

"Pode ser que ele tenha estudado por correspondência."

"Não seja ridícula, querida. Até parece que ele trabalharia na televisão se fosse *esse tipo* de gente."

"Deixe-me adivinhar, mãe. Em vez de comer *brownie* no café-da-manhã, o dr. Phil diz que devo comer frutas."

Minha mãe engasga. "Você comeu *brownie* no café-da-manhã?!" Ela entra em pânico.

Dou um suspiro, reviro os olhos, aperto a descarga. Um segundo mais tarde, nos encontramos na pia.

Ficamos ali, minha mãe e eu, lavando as mãos.

"Não se esqueça de ensaboar", diz ela.

Tenho 34 anos e minha mãe ainda diz "não se esqueça de ensaboar".

Minha mãe se vira e olha para mim. Uma cientista observando seu objeto de estudo. "Por que, Claire? Por que você come *brownie*, e não frutas?"

"Porque chocolate é mais gostoso do que maçã."

"Ah." Minha mãe levanta o dedo indicador. "Talvez você tenha comido um *brownie* para preencher o vazio da sua vida com um doce."

"E qual é o problema?"

Minha mãe olha para mim, os olhos arregalados de frustração. "É por isso que os americanos estão morrendo, Claire! Essa história de obesidade mata gente a torto e a direito." Ela estala o dedo à esquerda, e depois à direita. "Só para sua informação", acrescenta.

"Os americanos morrem porque preenchem o vazio com chocolate?"

Ela confirma com a cabeça. "Ou com fritura. Ou com Big Mac."

Dou de ombros. "Essa conversa me deu uma fome danada."

"Que tal a gente ir ao Subway, querida? Um sujeito comeu sanduíches do Subway durante um ano inteiro e perdeu setenta quilos."

"Mãe, você viu isso na propaganda."

"Bom, não diriam isso na propaganda se não fosse verdade. Eles não deixam."

"*Eles* quem?"

"O governo."

Expiro lentamente. Abro a porta do banheiro. "Você primeiro, mãe."

Ela segura a porta do banheiro com a mão e faz um gesto para eu ir na frente. "Não, você primeiro, querida. Faço questão."

Ai, meu paizinho.

Vinte

Achei que fosse impossível. Nunca na vida eu poderia imaginar. Mas minha mãe, que Deus a abençoe, me inspirou. Minha mãe tem um senso de humor tão bobo.

Então. Foi assim...

Saímos do banheiro da Saks. Uma loira peituda passou pela minha mãe usando uma blusa fininha, que deixava o bico dos seios à mostra. Era o tipo de mulher que se veste para ir ao shopping como se estivesse se arrumando para ir a uma boate em Miami. Pois bem: ela estava com a tal blusa do mamilo, uma saia minúscula e uns saltos imensos. Aí minha mãe se virou para mim e disse: "Nossa, Claire. Que visual *perpeito*".

"Rá! Boa, mãe."

Minha mãe tampou a própria boca. Estava rindo por ter feito uma piada tão ousada assim. Aí ela se aproximou de mim e cochichou: "Querida, tomara que você nunca se vista desse jeito. Afinal de contas, por que um homem vai querer comprar uma fazenda se ele consegue leite de graça?".

Na tarde daquele mesmo dia, sentada no café Mozart, olho para o laptop e dou um sorrisinho. Penso em como minha mãe é fofa.

Ela é a maior patrulheira da moda, juro. Assiste sempre ao canal E! e a todos os desfiles de moda. Ela adora me contar o que está "in" e o que está "out".

Às vezes ela me liga, do nada, e diz: "Kilt, Claire. Este ano o kilt vem com tudo". Mãe, o Capítulo Cinco é dedicado a você.

Capítulo Cinco
Alta-costura no Trono

Senhores, permitam-me oferecer uma informação. Vocês jamais viram algo parecido. Um desfile de moda acontece todas as noites nos banheiros femininos de bares, restaurantes e boates de todo o país. Pode ser que vocês, homens, passem dois segundos na frente do espelho ajeitando o cabelo com as mãos, vapt-vupt. Mas isso não é nada, queridinhos. Nada em comparação à pompa e à circunstância do banheiro feminino. É um desfile de moda diário, e todos os personagens principais comparecem – das modelos às maquiadoras. Não acreditam? Bom, por que vocês acham que demoramos tanto?

1. As Modelos. Senhores, se vocês estiverem namorando modelos, vocês saberão – elas exigem manutenção constante. Se sua namorada passa duas horas no banheiro "se arrumando", muito provavelmente ela é modelo. As modelos marcham para dentro e para fora do banheiro feminino como se fossem um exército de Paris Hiltons. Ficam se emperiquitando na frente do espelho, admirando a si mesmas. É como se dissessem: "Você pode até achar que minha blusinha foi feita

de fita crepe e fio dental, mas fique sabendo que custou uma fortuna". As modelos podem obrigar os senhores a sair para fazer compras com elas. E, se possível, elas gostariam que os senhores levassem o cartão de crédito... "Você vem comigo! Que fofo!" Elas usam as criações mais novas, dos estilistas mais badalados, e querem sempre "se expressar". Por exemplo: usam uma camiseta que custou noventa dólares e diz Vote em Mim. Sou a Tal.

Para as modelos, produtos "exclusivos" são uma espécie de evangelho. Elas são escravas de marcas famosas, e preferem morrer fazendo depilação com cera quente na virilha do que ser surpreendidas vestindo uma cópia barata de grife. Se o senhor estiver namorando uma modelo, e ela quiser terminar sob o argumento de que sua renda é baixa demais ou seu carro é caído, diga que a roupa dela é "datada". A palavra "datado" é a criptonita das modelos.

2. As Estilistas. Meu amigo, você saberá quando estiver namorando uma estilista – ela vai querer repaginar todo o seu guarda-roupas. Vai dizer o que você deve vestir, e é melhor prestar atenção porque provavelmente ela estará certa. E você estará errado. Não resista. Siga o fluxo. Ou, como dizem, não lute em vão. As estilistas querem consertar tudo. Elas vivem no banheiro, remexendo nas roupas das amigas – pregando, esticando, ajeitando. Estilistas falam frases como: "É só você ficar parada assim a noite inteira que a roupa fica no lugar". São mulheres que andam com alfinetes na bolsa. Em geral, salvam a pátria das modelos, que sempre precisam de consertos de emergência.

   O bordão preferido das estilistas é "Mantenha a pose!".

3. As Maquiadoras. Se sua namorada tem um lábio excessiva-

mente pintado, como se tivesse vindo diretamente da Cidade do México, ela se encaixa na categoria das maquiadoras. Em geral, as maquiadoras usam bolsas do tamanho de manjedouras. No banheiro, são capazes de ocupar a bancada inteira. Mas ninguém reclama, porque essas meninas compartilham a riqueza. Elas *sempre* emprestam os batons. E até dizem qual tom combina melhor com a sua pele.

4. As Cabeleireiras. Muito bem, senhores. Aqui vai um furo de reportagem. Se a sua namorada se muda para sua casa e a conta de luz dispara súbita e inexplicavelmente, é provável que ela seja uma cabeleireira. As cabeleireiras usam todas as tomadas disponíveis. Baby liss, chapinha japonesa, secador de cabelo, elas têm de tudo. Com uma displicência inocente, passam laquê, mousse e gel em qualquer fio que encontrem pela frente. São os Edwards Mãos-de-Tesoura do Banheiro Feminino – assustadoras à primeira vista, mas prenhes de talento bruto.

5. As Críticas de Moda. Se ela tem um humor ácido, senhores, se é a rainha das tiradas irônicas, vocês estão diante de uma crítica de moda. As Críticas do Banheiro Feminino são a chave para todo desfile de moda. Pensem bem, meus caros. Se todas as roupas fossem bonitas, a moda seria desnecessária. Todas poderíamos usar uniformes. Como as chefes de torcida. Ou os comunistas. (Aquela coisa: casacões, chapéus forrados de pele.)

   As Críticas do Banheiro Feminino são exatamente isso – críticas. Não tentem calar sua voz, amigos. Elas desempenham um serviço comunitário fundamental no banheiro – a saber, elas destroem as modelos. As Críticas do Banheiro Feminino são as Grandes Justiceiras. Nós, mulheres, adoramos quando uma

Crítica do Banheiro Feminino fala o que pensa. Porque ela deixa a modelo em dúvida. Faz a modelo *pensar.* Especialmente quando diz alguma coisa nessa linha: "Sapatos brancos. Está nevando lá fora. Tenho uma novidade fresquinha, querida: o verão acabou há *décadas*". Ou então: "Quando você se abaixa dá para ver o seu cofrinho. Estou só dando um toque".

Às vezes a modelo dá sorte e topa com uma crítica bondosa, reconfortante: "Você está ótima, queridinha... magérrima... é, essa calça deixa seu bumbum lindo... sem dúvida... não, não está justa demais. Eu diria se estivesse. Sério mesmo, juro. Eu não falaria se não fosse sincero. Pelo amor de Deus, você só sabe falar de VOCÊ MESMA! Vamos voltar para o bar?".

Às vezes, quando você mais precisa, não há uma crítica por perto. Por exemplo, quando Lil' Kim usou dois adesivos para cobrir os mamilos no prêmio da MTV – dois adesivos e só. Tenho certeza de que, se houvesse uma crítica nas imediações, ela teria impedido Lil' Kim bem na porta do banheiro... "Bom, é claro que você *pode* usar os adesivos, Lil' Kim. Mas você fica parecendo uma garota de programa. E olhe que não me refiro a Julia Roberts em *Uma Linda Mulher*. Talvez você deva reconsiderar os adesivos e usar um Oscar de La Renta."

Espreguiço-me na cadeira, estico os braços para cima, como um gato acordando da soneca. Hora de conferir os e-mails...

Claire,

Mal posso esperar para ver você no Dia dos Namorados. Traga um casaco, porque vamos passear de barco.

Do seu,
Matt Damon

Um passeio de barco! Muito bem, Capitão! AimeuDeus, Jake vai me levar para passear de barco no Dia dos Namorados! Por favor, alguém me belisque!

Escrevo uma resposta rápida.

Querido Matt,

Não posso passear com você porque vou sair com Jake Armstrong.

***P.S. Adorei sua performance em* A Identidade Bourne**

Clico em Enviar e recebo uma resposta imediata.

P.S. Use o biquíni com que você apareceu na TV.

AimeuDeus! Endireito as costas, e a cadeira despenca no chão. Alguém deve ter ligado para Jake e avisado sobre minha estréia triunfal nas telas. E ele viu as imagens da locutora que vos fala sacudindo sua bolsa de canguru pela calçada.

Paciência. Não vou me aporrinhar com isso. Eu sou assim, incluindo minha barriga ao estilo "bebi um litro de cerveja". É pegar ou largar, meu amigo.

Este é o *Ano de Claire.*

Olho as mensagens. Um e-mail do Charles. O assunto é "Emergência". Tenho vontade de deletar, mas essa história de "Emergência" atiça minha curiosidade.

Claire,

Mensagem recebida. Tudo entendido. Mandarei um cheque referente à sua parte do quadro, mais as despesas de correio. Favor enviar o quadro assim que possível.

Charles.

Clico em Responder.

Charles,

Doei o quadro para uma instituição de caridade. O Instituto em Defesa da Ética com as Mulheres.

Claire.

Vinte e um

O RESTAURANTE MOONSHINE FICA num canto cercado por árvores, em um dos prédios de pedra calcária mais antigos de Austin. Uma placa do lado de fora fala alguma coisa sobre um antigo *saloon* (por isso o nome é Moonshine) e sobre a influência da arquitetura alemã que se espalhou pelo Texas em meados do século 19. Já parei para ler a placa algumas vezes, mas confesso que não guardei detalhes.

(Tenho uma tendência a esquecer placas segundos depois de ler. E acho que Charles é o culpado. Passamos nossa lua-de-mel em Gettysburg. Charles era tão vidrado na Guerra Civil que me convenceu a embarcar numa "viagem histórica", em vez de fazer uma "viagem chata para o Havaí". Sendo assim, na nossa lua-de-mel eu me vi parada num campo, debaixo de chuva, lendo uma placa enquanto ele apontava para umas árvores e dizia: "Dá para acreditar que os Confederados vieram *dali*?". Lembro que olhei para as árvores e tive vontade de ter um mosquete na mão para acabar com aquela história na hora, porque *a gente poderia estar na praia, seu idiota... e...*)

Moonshine! Sim! Aqui estamos. Entro com o carro no cascalho do estacionamento e corro lá para dentro.

A iluminação do Moonshine dá às pessoas um ar rosado, bonito. Parece uma pintura de Cézanne.

Minha amiga Leslie já está lá dentro, mas ela está mais para Goya – a fase escura. Debruçada sobre o bar, parece uma personagem decadente: rímel borrado, cabelo desalinhado, a camisa branca com rodelas de suor debaixo das axilas.

A recepcionista se aproxima.

"Mesa para um?"

Humm. Tenho tanta cara de solteira assim?

"Marquei com uma amiga." Triunfante, aponto para Leslie.

"Ótimo", diz a recepcionista.

Vou até Leslie. Les é minha amiga artista. A amiga sensível.

Ela é fotógrafa de casamentos. Mas se alguém ousa dizer que ela é "fotógrafa de casamentos", ela fica uma fera.

"Sou *fotógrafa*", corrige. "E *também* fotografo casamentos."

Percebeu? Eis o problema. Fotógrafos consideram casamentos situações menores do que, por exemplo, ensaios com pigmeus para a *National Geographic*. Fotografar um bando de anões pelados é *arte*. E um casamento é "quando eu contar até três, todo mundo olha para cá...". Mas, como sempre gosto de lembrar, pigmeus não desembolsam três mil pratas por um álbum de fotografias.

Leslie ficou famosa em Austin porque fotografou o casamento de Jessica Simpson. E aí a Oprah fez um programa sobre casamentos de famosos e mostrou as fotos de Leslie.

O nome dela apareceu nos créditos, e gravamos tudo. Ficamos voltando a fita e apertando o *play*, gritando e batendo palmas toda vez que as palavras *Fotografias: Leslie Ann Creekmore* apareciam na tela.

(Mulheres são tão divertidas!)

Costumo encontrar Leslie para fazer um Relatório Geral e discutir quem está com quem e fazendo o quê. Mas dessa vez ela solicitou uma sessão extraordinária.

Dou um abraço nela. "Você está tão magrinha."

Num tom monocórdio, ela explica: "É a dieta da depressão".

Puxo um banquinho e percebo que ela está encolhida, como uma tartaruga se escondendo no casco.

"Que tal um vinhozinho? Hoje é por minha conta", ofereço. (Estou me sentindo cheia da grana porque minha mãe escondeu duzentos dólares na minha carteira. Minha mãe é uma fadinha bisbilhoteira e maravilhosa.)

Leslie faz um gesto de indiferença.

Encosto no bar. Estalo os dedos: "Garçom!" É uma tentativa de fazer Leslie rir. *Pulp Fiction* é um de seus filmes preferidos.

A barwoman, que parece uma deusa, me olha como quem diz vai-à-merda. "Já atendo vocês."

Leslie está com uma cara arrasada. Estico os braços e afago os ombros dela.

"Ele não deixou nem um bilhete. Apareceu e fez as malas. Não disse tchau. Nada."

Ela fita o balcão com um olhar perdido, e por alguns minutos permanecemos num silêncio sagrado. Finalmente, ela volta a falar. Devagar. Pensativa. A quilômetros de distância.

"Sabe, Claire. E pensei que ele fosse..."

"Pst, não diga isso." Ponho o dedo na frente dos lábios.

"O Cara."

"Les, ele não era O Cara porque O Cara não existe. Já vi tantas separações, inclusive a minha, e não acredito que, na vida, exista Uma Única Pessoa que seja feita para nós – a metade perfeita."

A barwoman-deusa deposita dois copos de vinho na nossa frente. Olha para meu pedido de desculpas – uma nota de cinco dólares – e guarda num pote.

Saúde, colega.

Leslie ergue o copo de vinho, segura diante do rosto, olha através do vidro.

Os lábios dela ensaiam um tremelique epilético.

"Claire, ele queria que a gente se mudasse para Fort Stockton, para morar num rancho. Disse que tem uma casa lá que a gente poderia reformar."

"Leslie, por favor, isso não tem nada a ver com você. Morar num rancho! Você odeia insetos. Odeia armas. Você é vegetariana, caramba!"

O rosto de Leslie desmorona. E nesse momento me dou conta de que estou diante de um terremoto. Não é apenas um tremor, do tipo que faz quadros cair da parede. É um desastre, com fendas abertas no solo, pontes desabando, 8 pontos na escala Richter. Do tipo que faz os sobreviventes saírem das proximidades da falha para nunca mais voltar.

Ela respira fundo, dá um suspiro daqueles, um suspiro de quem carrega o peso do mundo nas costas. "Sabe, o Colby estava fazendo terapia, porque é adotado. E o pai foi muito ausente durante a infância dele. Você sabe que eles são ricos; são donos de metade do petróleo do oeste do Texas."

"Acho que vou chorar, já ouço até uma música triste."

"Você não está entendendo, Claire. O terapeuta pediu para ele pensar se eu era a mulher certa. Cinco minutos depois da sessão, o Colby me ligou e terminou tudo."

"Assim, de repente?"

"Assim, de repente."

"Quais foram os argumentos?"

"Ele não conseguia se imaginar passando o resto da vida comigo. Não está pronto para assumir um compromisso etc., etc..."

"Típico."

Leslie concorda. "Mas aí eu descobri..."

Ela se levanta de sopetão, e seu banquinho desaba no chão. Ela sobe as escadas correndo, em direção ao banheiro. Corro atrás. Não foi uma boa idéia vir ao restaurante. Agora percebo isso. E a idéia foi minha, achei que ela precisasse sair de casa.

No banheiro, ela se debulha de chorar em cima da pia. Soluça, o rímel escorrendo pelas bochechas como um rio preto. Pego um bolo de papel higiênico e passo para ela.

"Esse cara não é um presente de Deus!", digo. Como boa irmã de armas, tenho a obrigação de conduzir minha amiga à "fase da raiva". A fase do melhor-sem-ele.

"O Colby tem problemas, Claire!"

"Que ótimo. Eu aqui tentando fazer você melhorar, e você defende o cara."

"Ele é viciado em drogas!"

Meu queixo despenca.

"Ele se drogava o tempo todo. Nas minhas costas."

"Como é que você..."

"Encontrei cocaína escondida numa latinha."

"Leslie, você não tem que chorar, tem que agradecer a Deus. Você estava quase largando sua vida e sua carreira, se mudando para o oeste do Texas para viver num rancho com um viciado em cocaína."

Ela dá uma fungada e resmunga: "Eu estava até fazendo aulas de equitação."

"Para quê?"

"Para ele não ter de ir devagar só por minha causa."

"Ele cavalgava rápido, não é?"

Ela faz que sim.

Seguro Leslie pelos ombros e abro um sorriso enorme. Um sorriso de político.

Ela olha para mim, os olhos cheios d'água. "Qual é a graça?"

"Les, por que você acha que ele era tão rápido?"

"AimeuDeus, Claire!" Ela dá um berro. "Coitado do cavalo! Ele não parava de esporar o bicho! 'Êia! Anda! Mais rápido!'."

Abraço Leslie pelos ombros e a conduzo em direção à porta do banheiro.

"Coitado do cavalo!", ela grita. E caímos na gargalhada.

Vinte e dois

SAIO DO MOONSHINE E VOU DIRETO para o café Ruta Maya. É meia-noite, e o salão está lotado.

Costuro por entre as mesas até encontrar uma vazia. Ao lado do banheiro.

É a mesa do banheiro.

Farejo o ar, como um perdigueiro. Há um leve cheiro de desinfetante. Meio cítrico. Mas, fora isso, não sinto nenhum outro odor.

Despenco na cadeira. Abro o laptop.

Ligo na tomada.

Ligo o computador.

Espero.

"*What's love got to do, got to do with it...*"

Tina Turner canta no alto-falante.

Um motoqueiro de cavanhaque e calça camuflada passa por mim, segurando um prato com torta de chocolate. Ele cantarola baixinho: "*Whaaat's love, but a second-hand emotiooon...*".

Entra no banheiro. Com o prato de torta.

Acomodo-me na cadeira e confiro os e-mails.

Nada do Jake.

"Who needs a heart when a heart can be broooken..."

O cara da torta passa de volta. Ainda segura com a torta, graças a Deus. Graças a Deus ele não comeu no banheiro.

Vasculho os sites de cartões online até encontrar um cartão perfeito para Leslie. É um caubói caindo do cavalo. O texto diz "Dá um Coice Nele".

Quando conheceu Colby, Leslie cuidava de si mesma. Dava aqueles toques que entregam uma mulher apaixonada. Pintava as unhas, usava vestidos esvoaçantes, fazia luzes no cabelo.

Ah. A curva do sino dos relacionamentos.*

Capítulo Seis
Aperte a Descarga no Seu Coração

Alguém já disse que separações são difíceis. Um cantor de música country, talvez. Quem quer que tenha nos presenteado com essa fascinante pérola de sabedoria merece um troféu. E esse troféu deveria se chamar "Grande Prêmio da Situação mais Subestimada de Todos os Tempos".

Separações são difíceis. Poxa. Quanta genialidade. Essa mesma pessoa provavelmente diria: "Tipo assim, ter câncer é um saco".

Separações são mais do que difíceis. Separar é colocar o coração num liquidificador e ligar na velocidade máxima. É Mel Gibson na roda da tortura em *Coração Valente*. É o governo Bush.

É muito, muito ruim.

Qualquer mulher no planeta já chorou pelo menos uma vez dentro de um banheiro público. E, prestem atenção, senhores, quase sempre A CULPA É TODA DE VOCÊS.

---

* Referência à Curva do Sino, teoria lançada em 1994 pelos pesquisadores Richard J. Herrnstein e Charles Murray no livro *The Bell Curve.* (N. T.)

Sim, VOCÊS são culpados pelos rios derramados no banheiro feminino.

Permitam-me fazer uma pergunta, amigos...

Por que raios vocês terminam namoros em lugares públicos? Por que raios decidem dizer que querem sair com outras mulheres no momento em que comemos um fettuccine ao molho branco?

E aí, quando nós dizemos "mas eu achava que estava tudo tão bem! E nosso fim de semana na serra?", vocês nos olham com uma expressão de pena e balançam a cabeça.

Por quê? POR QUÊ???

Rene Russo acertou na mosca em *Thomas Crown – A Arte do Crime*. Quando Pierce Brosnan perguntou por que ela nunca ficava muito tempo com o mesmo homem, ela deu um discreto gole no café expresso e disse: "Os homens bagunçam as mulheres".

É nesses momentos de bagunça que o banheiro feminino se transforma em um santuário. Um retiro. Um lugar com lenços de papel, lenços de papel molhados e, em alguns casos, com uma saída de emergência.

É para lá que as mulheres vão. Para respirar fundo, meditar, olhar no espelho e entender a situação. É um paraíso seguro, um esconderijo, um lugar para se recompor, para refletir se foi mesmo uma boa idéia investir em um relacionamento estável com um homem que gosta de gatos.

Costumo fazer isso. Costumo me reclinar na cadeira e entrelaçar as mãos por trás da cabeça – com os cotovelos para fora. Como se eu fosse um executivo gordão, com um charuto pendurado na boca.

O jantar do Moonshine – bolo de carne e purê de batata – se revira no meu estômago, com direito a barulhos sinistros. A dor de cabeça é de matar. Deve ser a falta de café; decidi pedir uma xícara de chá preto fervendo. Nada de café. Pelo menos não à meia-noite. Mas o aroma do café é inebriante.

Humm. Por que fico com dor de cabeça quando paro de beber café? Será que é um vício? Será que vou começar a ter arrepios? Será que vou ter tremedeiras, calafrios, será que vou ficar toda encolhida? Balançar para frente e para trás e gritar "Café! Preciso de café!".

Pulo da cadeira e me arrasto até o banheiro. A porta é pintada de preto, tomada de adesivos – do tipo que os universitários colam em qualquer lugar, na esperança de salvar o planeta com *slogans*. Por isso, a porta diz coisas do tipo "Fora o racismo", "Chega de guerra!", "Eu cuspo em egoístas". Do lado do "Eu cuspo em egoístas" alguém – alguém muito, muito especial – escreveu com canetinha: "E eu engulo".

Abro a porta com um chute. E dou de cara com uma gótica. Ela veste preto da cabeça aos pés, e parece ter passado as roupas num moedor de carne. O cabelo lembra um *sheepdog*, a franja caindo por cima dos olhos. Ela me vê e lança um olhar engraçadinho de quem diz não-enche.

Três coisas me irritam de imediato:

1. Está escrito "Piranha" na camiseta dela. Eu sei que muita gente por aí diz que o simples, o banal e o óbvio completo podem ser geniais, podem conter beleza. Essas pessoas dizem: "Olhe para as latas de sopa de Andy Warhol". Mas qual é a mensagem dessa camiseta? A menina se autodefine uma piranha? Ou está chamando as outras mulheres de piranhas? É uma piada de duplo sentido? Um trocadilho? Um pedido de socorro? Ela é uma garota do tipo *Preciso desesperadamente de atenção, mas foda-se por fazer um comentário sobre a camiseta que chamou mais atenção do que eu?*

2. Os cigarros. Parliament. O que me irrita não é a marca, é a cara-de-pau com que ela bate as cinzas na pia.

3. A conversa no celular. "*É melhor aquela vaca não aparecer mais na minha frente...* (bate cinza)... *a menos que ela queira sofrer muito* (bate cinza)..."

Aqui estou eu, no banheiro com a Courtney Love. Chego perto da pia pé ante pé.

Com delicadeza, pergunto: "Posso usar a pia?".

A gótica olha para mim por baixo daquela franja que parece a grade de uma cela. Bate as cinzas, continua imóvel.

"Tá legal. Cai fora, colega." Falo do alto de meus 34 anos, com a minha voz de Ano de Claire.

"Eu cheguei primeiro."

"Eu cheguei em segundo", respondo. Agora fiquei furiosa, minha dor de cabeça é destruidora; será que a gótica não consegue identificar uma viciada em cafeína?

Ela faz uma cara dramática de tédio, bate as cinzas e anda um centímetro para a esquerda.

"A pia não é seu cinzeiro", digo.

"Foda-se."

Naturalmente, nem todas as mulheres respeitam a santidade do Santuário...

Capítulo Sete
Algumas Mulheres Ainda Não Saíram das Fraldas

Bem, amigos. Chegou a hora de revelar um segredinho. Às vezes, nós mulheres somos meio... Qual é a palavra adequada? Felinas. Sim, felinas é correto.

Grrrr!

O mundo lá fora é perigoso, e não vivemos em harmonia o tempo todo. Mesmo que vocês imaginem que estejamos num estado de camaradagem constante. Mesmo com as festas do pijama e as guerras de travesseiro. Às vezes encontramos outras mulheres no banheiro e sentimos *desprezo*.

Grrr!

Mas isso não quer dizer que elas não mereçam. Elas merecem...

1. A Pingadora. Pingadoras são mulheres que deixam um rastro no assento da privada. Isso mesmo, senhores. Vocês não são os únicos a cometer essa selvageria. Algumas mulheres têm péssima pontaria. Provavelmente as Pingadoras são as mesmas mulheres que têm dificuldade em estacionar o carro paralelo à calçada.

2. A Mão-de-Vaca do Espelho. Às vezes temos de olhar para uma garota que fica se olhando no espelho. E somos tomadas pelo desdém, com pensamentos do tipo "Divida o espelho, Cinderela. Será que não percebe a fila atrás de você? Também queremos retocar o gloss, queridinha. Você está com a mesma cara que estava quando saiu de casa. Pode parar de ficar se olhando por todos os ângulos. Seu bumbum é lindo".

3. A Festeira da Cocaína. É fácil identificar as FDCs, senhores. Elas circulam pela boate com sorrisos travados, dançam para frente e para trás e para frente e para trás, vão do bar para a pista de dança e de lá para o banheiro, e de volta para o bar e para a pista de dança e para o banheiro – elas não sabem para onde ir, estão por toda parte! É melhor chegar ao banheiro antes delas. (Mas parece que elas sempre chegam antes.) Por isso, esperamos. E pensamos com nossos botões: "Queridas, não é só porque está tocando disco music na pista

que você vai se sentir no Studio 54. Por favor, não nos façam esperar enquanto vocês e suas amigas de olhar vidrado se espremem na cabine e dão umas cafungadas."
Ouçam bem, suas Festeiras da Cocaína. Vocês não são supermodelos. Não têm o direito de ocupar uma cabine em uma boate lotada só para fazer suas festinhas particulares regadas a pó. P.S. Se você for uma supermodelo, por favor ignore essa parte. Cocaína para você é a mesma coisa que um x-burguer para mim – e todo mundo tem o direito de se alimentar. Além do mais, não é só porque você mede dois metros de altura, pesa 44 quilos e ainda por cima tem um belo busto, que não é gente como o resto da humanidade. Se uma supermodelo se corta, ela sangra, não é?

4. A Cabeça-de-Vento. Essas mulheres são lesadas. Entram no banheiro, param no meio do caminho e formam fila. Não se dão ao trabalho de conferir se todas as cabines *estão realmente cheias*. São completamente alheias ao fato de que, talvez, quem sabe, uma porta pode estar fechada sem que ninguém esteja *lá dentro*. Elas acabam percebendo o equívoco e dizem "Ui, estava vazio". Enquanto isso, o resto de nós fica no purgatório do banheiro... e espera... e espera...
Quando nos deparamos com uma cabeça-de-vento, costumamos pensar: "Não é tão complicado assim, querida. Olhe as cabines e procure por pés. Nada de pés = cabine vazia. Simples".

5. A Certinha. Ninguém gosta de ir ao banheiro com uma Certinha. Ela está acostumada a fazer xixi sozinha, em seu trono de mármore, e prefere que seja assim. A Certinha não fofoca no banheiro. Ela jamais é felina! Usa roupas insossas da Ann

Taylor e da Liz Clairborne. É bonita, mas não é sexy. Vai à igreja, tem uma perua Volvo branca e gosta de biscoitos de aveia sem açúcar. Quase não freqüenta bares e, quando vai, é sempre com o marido. (É claro que ela é casada!) Sempre vai embora cedo. Nunca fica de porre, nunca sai trançando as pernas, nunca diz nada desagradável ou constrangedor. Pede uma salada e finge que aquilo é uma refeição. É magra, mas nunca vai à academia.

A única função da certinha é fazer todas as outras mulheres se sentirem vulgares e exageradas. Ela não faz parte do *Banheiro Feminino*.

Cortem-lhe a cabeça!

Vinte e três

Corro pelo quarto em delírio. Finalmente é o grande dia. Dia dos Namorados, passeio de barco com Jake. Visto uma calça cargo, uma capa de chuva amarela com capuz e botas de caminhada.

"Tchan tchan tchan tchan! Que tal?", pergunto a Aaron.

Ele coloca o dedo sobre os lábios. "Dá uma voltinha."

Sapateio pelo quarto, dou uma viradinha, paro com as mãos na cintura. "Não sou a cara da Jacqueline Kennedy Onassis?"

"Acho que ela não usava botas de caminhada no iate."

"Pesadas demais?"

Ele vasculha meu armário e retira um par de sandálias de dedo floridas.

"É junho, George. Meus dedos vão congelar."

"Sofra."

Ele pega um pedaço de pizza da caixa em cima da cama.

Jogo o telefone para ele. "Por favor, mude o toque para alguma coisa simples. Sem cafonice. Entendeu?"

"Que tédio, queridinha."

Ele remexe no telefone.

A campainha toca.

“O show vai começar”, diz Aaron, segurando um pedaço de pizza no ar. Ele flutua pelo corredor.

Um minuto depois, aparece na porta do quarto.

“Lady Onassis. O cavalheiro está a sua espera.”

Vinte e quatro

Jake e eu deslizamos sobre o lago Travis.

"Puxa o cabo, Claire!", ele grita e aponta freneticamente para uma corda.

A esteira chicoteia com violência para o lado, e ando pelo barco aos tropeços. A água do lago Travis é agitada, turva, escura como carvão. O vento faz o Catalina, um barco de 22 pés, rodopiar enlouquecido. Jake está no mastro, descalço, com uma capa de chuva, parece o modelo da capa do catálogo da Ralph Lauren.

Meu cabelo não pára de cair no rosto e estou quase morrendo congelada.

Navegar em pleno inverno.

Quanta diversão.

"Esta corda aqui?", grito.

"Claire, não existem cordas num veleiro. Apenas cabos. Puxe!"

Tento puxar, mas o cabo está preso. Agarro bem firme, puxo com toda a força.

Jake grita. "Esse não, merda! Aquele!"

Mas já é tarde demais.

O cabo se solta, caio de costas e perdemos o controle.

A esteira rodopia para todos os lados. Escuto um barulhão na água. De repente...

AI MEU DEUS.

Homem ao mar.

Abaixo devagar e me debruço para fora.

Merda, merda, merda...

Jake se debate, nada desesperado em direção ao barco, grita instruções.

"QUÊ?!!"

"PUXE O..."

"NÃO ESTOU ESCUTANDO, O VENTO ESTÁ FORTE DEMAIS!"

"PUXE O..."

Como é que se pára essa coisa? Êia! Estou voando mesmo.

Percebo que Jake se afasta do barco. Será que ele vai se afogar? AimeuDeus, pode ser que ele se afogue!

Salve Jake, salve Jake! Corro pelo barco em busca de algum objeto flutuante. Alguma coisa. Qualquer coisa.

Desço a escadinha até a cabine e volto acenando com um colete salva-vidas laranja.

Dou um grito: "PEGA ISSO!". E jogo para o lado.

O colete acerta a cabeça dele.

"CLAIRE... PELO AMOR DE DEUS! O QUE VOCÊ?... VOCÊ QUER ME MATAR? EU *SEI... NADAR*!"

"DESCULPE!"

"ESCUTA! VOCÊ TEM... BARCO... MAIS DEVAGAR. SOLTA... CABO... ESTIBORDO."

Cabo para a direita, cabo para a direita, cabo para a direita...

Cacilda, é corda que não acaba mais. Seguro uma delas, desfaço o nó, rápido, rápido, e deixo correr. Ela cai do barco e fica pendurada na água.

"CABO ERRADO!", grita Jake.

Por alguma razão ele começou a nadar desesperadamente. Olho para frente e percebo que sigo direto para um paredão de pedra. MERDA! Em pânico, pego o leme e puxo com força. O barco dá meia-volta, caio de bunda.

Agora vou direto para cima de Jake.

"AI MEU DEUS, JAKE! SAI DA FRENTE!"

Ele levanta os braços e se segura no barco. Corro para puxar sua mão.

"Não vou soltar!", grito.

"Solta, Claire!" Jake dá um impulso e sobe no barco. Desabamos os dois no chão. Ensopados, tiritando, sem fôlego.

Deito em cima dele e o abraço com força.

"Desculpe, desculpe." Repito mil vezes.

Ele passa a mão no meu rosto e tira o cabelo da frente dos meus olhos. Com calma, diz: "Marinheira, você precisa de umas aulas".

Olho nos olhos dele. Beijo sua boca gelada e azul.

Vinte e cinco

Noite dos Namorados!

Tudo estrelado e romântico. Jake sorri. Eu sorrio. Mas aí quebro o primeiro par de palitinhos e é como se alguém tivesse acendido a luz. (E eu pergunto: por que é que os palitinhos já não vêm separados dentro do pacotinho?)

"Está difícil?", pergunta Jake.

"Você sabe muito bem que nasci numa base militar em Okinawa", respondo.

"Essa não cola." Ele chama a garçonete. "Por favor, a companheira aqui precisa de uns dez pares de palitinhos."

Que beleza. Agora é só alegria. Sai o clima sexy, de silêncio, olhos nos olhos, e entra o clima do tapinha nas costas, das risadinhas, "Rá rá rá!".

Acho que estraguei mais um "momento", e isso me deixa tensa. Primeiro lanço o cara no lago Travis em pleno inverno, agora quebro os palitinhos do restaurante japonês.

Claire, seja delicada.

Eu queria dar uma de Sharon Stone de novo. Queria deixar Jake tenso. Mulheres que deixam homens tensos são übersexy.

Dou uma olhada nele. Está com uma camisa listrada linda, e aquele nariz maravilhoso. Meu Deus, como eu amo esse nariz. É o nariz mais bonito de toda a história dos narizes bonitos.

Temos uma bandeja de sushis coloridos na nossa frente. Jake manda ver no atum. Não percebe que mexo desajeitada num sushi. Costumo comer sushi de garfo, mas não quero que ele pense que sou uma gueixa despreparada.

Enfio o palito no sushi (improviso um ancinho) e ponho na boca.

"Está gostoso?", pergunta Jake.

"Humm", (mastiga, mastiga, mastiga) "humm."

Ótimo. Pareço uma vaca mugindo.

"Sabe, considerando que você quase me afogou hoje, você está linda." Ele sorri com aqueles olhos suaves.

"Hummm."

Agradeço com a cabeça. Engulo o sushi.

"Obrigada", sussurro com uma voz bem doce.

Jake não sabe, mas fiquei encantada com a escolha do jantar. A maioria dos homens escolhe restaurantes mais formais para o Dia dos Namorados. Com velas, toalhas brancas, pessoas falando baixinho. Mas Jake escolheu um passeio de barco e um japonês. Ele gosta de movimento. Não liga para "aparências". E, como trabalha com comida orgânica, conhece bem os restaurantes. Ele me convidou para o Uchi, o melhor japonês da cidade.

Em primeiro lugar, os *chefs* atrás do balcão são realmente japoneses. É de se imaginar que haja japoneses de verdade, vivos, em cidades como Nova York ou São Francisco. Mas em Austin isso é raridade. Isso não quer dizer que somos uns caipiras, mas simplesmente não vemos um monte de japoneses circulando por aqui. O que vemos é um monte de *chefs* mexicanos metidos a *chefs* japoneses. Eles usam aqueles lenços com a bandeira japonesa na cabeça. E dizem: "Mais salsa? Quer dizer, mais shoyu?". Em

Austin, é comum ouvir um sushiman gritar "*Quiero um Edamame, compañero*!".

Existem alguns restaurantes japoneses descolados por aqui, como o Kenichi, que começou em Aspen. Mas ele é escuro, está na moda e é cheio de gente fresca.

Da última vez que me arrastaram para o Kenichi, Billy Bob Thornton entrou e saiu mil vezes pela porta. Ele estava em Austin filmando *O Álamo*, e caminhava pelo restaurante com uma boina preta na cabeça, na esperança de chamar atenção. Mas B. Bob não percebeu que aqui as pessoas ficam deslumbradas com músicos – não com atores.

Imagino que isso seja normal numa cidade que idolatra Stevie Ray Vaughan. Aqui também acontece um show mundialmente famoso, *Austin City Limits*, além de dois festivais gigantes de música: o South by Southwest, em março, e o Austin City Limits Fest, em setembro.

Mas este é o dia 12 de junho. O dia em que as mulheres solteiras desse país vão para o sofá, colocam os pés em cima da mesa, assistem a *O Diário de Bridget Jones*, afundam no sorvete, e choram, e choram.

Em geral, odeio essa data com todas as minhas forças, e penso que todos os funcionários da Hallmark deveriam ser abatidos a tiros. Mas esse ano os deuses me protegem. Estou com um vestido novo da Nicole Miller, comprado na Saks Fifth Avenue (valeu, mãe!), e estou com o Capitão Jake. Não consigo me livrar desse sorriso idiota.

Parece que a qualquer momento vou acordar no sofá, com um pote vazio de sorvete no colo e Renée Zellweger sorrindo para mim na televisão.

Olá, Bridget.

Jake serve saquê e bate o copo dele no meu.

Ele diz apenas: "A nós".

Por favor, alguém me belisque!

Hoje pode ser aquela noite, penso. A noite de *partir para o abraço* (*palmas, palmas*).

"Claire, olha só aquilo." Jake aponta para outra mesa com a cabeça.

Viro no banquinho e vejo três mulheres rindo e se abraçando. Elas usam camisetas pretas, com Vs vermelho-sangue estampados bem no meio.

"O que será que significa esse V?", pergunto.

Jake coça o queixo de um jeito bonitinho. "Humm. Virgens?"

"Vencedoras?" Adoro dizer coisas óbvias.

"A-rá!" Ele ergue o indicador. "Vampiras."

As três mulheres se levantam e caminham em direção ao banheiro. Desço do banquinho.

"Vou desvendar o mistério."

Jake olha para mim e meu coração dá umas cambalhotinhas. Isso não é bom. Aaron tem razão. Não posso me sentir assim. É cedo demais.

Viro de costas e tento fazer um rebolado bem bonito até o banheiro. É o tipo da situação na qual eu poderia tropeçar e levantar vôo, como Priscilla Presley em *Corra que a Polícia Vem Aí!*. Melhor atravessar o salão com cuidado.

Vou deslizando.

O banheiro fica no final de um corredor com um leve cheiro de peixe.

Respiro fundo, empurro a porta e dou de cara com as três mulheres. Uma é alta e maravilhosa; a outra é baixinha e mirrada; e a terceira é branquela e apagada. Apelido as três na hora: a leoa, a ratinha e o cadáver.

A leoa domina a cena. Ela é absurdamente linda, tem um cabelo preto e ondulado que escorre pelas costas. Parece uma modelo daquelas de propaganda de biquíni.

"Vocês estão animadas." Minha voz não convence. "Usar preto no dia dos namorados. Como se fosse um enterro", rio.

A leoa me olha de alto a baixo, desafiadora. "Querida, estamos de preto porque rosa é coisa de mulherzinha. Não é, meninas!"

Ela caminha até uma cabine e bate a porta.

Lá de dentro, ela diz: "Todas nós fomos maltratadas por algum idiota".

"Quem precisa de homem quando se tem amigas?", pergunto.

"É *claro* que você fala assim. *Você* tem namorado", diz a ratinha. Ela me encara como seu eu fosse um inimigo, braços cruzados na frente do corpo.

Olho para o chão.

"Eu me separei no ano passado, e foi bem difícil. Então foi uma surpresa bem-vinda", digo, baixinho.

A ratinha relaxa os braços, seu rosto muda de expressão. Assumir minha condição de divorciada amargurada me ajuda a entrar para a turma.

A leoa escancara a porta da cabine e vai até a pia. "É, queridinha. Como você percebe, todas nós tomamos um pé na bunda." Ela abre toda a torneira.

A ratinha se olha no espelho e ajeita o cabelo. "Neste exato momento, meu ex-marido está jantando com a estagiária. Ela tem vinte e dois anos."

O cadáver move uma mão pálida, afaga o ombro da ratinha e fala devagar: "É isso que eu chamo de um papa anjo".

A leoa se vira da pia e olha para mim. Ela seca as mãos com um papel-toalha.

"Fizemos uma lista desses caras – esses porcos egocêntricos – e vamos dar o troco hoje."

Humm. Podem falar qualquer coisa das mulheres texanas, mas elas não são animais indefesos. Não levam desaforo para casa.

Sabe aquela mulher que pegou o marido com outra e atropelou o cara com uma Mercedes, na porta de um hotel em Dallas?

É isso mesmo. Era uma texana.

Sabe a Salomé, aquela que cortou fora a cabeça de João Batista e serviu numa bandeja?

É isso mesmo. Salomé era texana.

Se você algum dia ouvir a frase "Não Mexas com o Texas", pode ter certeza de que estão se referindo às mulheres texanas.

"Vocês têm um plano?", pergunto. Não resisto.

"Vamos esculachar os caras", diz a leoa.

Elas trocam risinhos.

A ratinha faz uma cara maligna. "É isso aí. Quando eles acordarem amanhã, vão encontrar umas surpresinhas na porta de casa".

"Cada uma inventou um conceito", diz o cadáver. Ela olha para a ratinha. "A Beth comprou três caixas de fraldas."

Olho para a ratinha.

"Vou encher o Mustang dele de fraldas", ela explica. "Potes de papinha de bebê na capota, chupetas no pára-brisa – essa é a idéia. Se ele quer namorar um bebê, precisa saber como cuidar de criança. Uma estagiária de vinte e dois anos. Dá para acreditar?"

"Quantos anos ele tem?", pergunto.

"Quarenta e oito."

"Nossa", respondo. "Totalmente Woody Allen."

A leoa amassa o papel-toalha e arremessa na lixeira, como Michael Jordan. Começo a achar que ela é meio cavala.

"Meu ex-marido era o maior pão-duro", diz ela. "Ele pagava tudo com o *meu* cartão de crédito. Televisão de tela plana, DVD, tudo. Sem contar que sempre dividia a conta. Até no meu aniversário. Vou colar um monte de folhetos de desconto no carro dele. No pára-brisa, nos pneus, em tudo. Ele vai levar *horas* para arrancar."

"E se ele chamar a polícia?", pergunto. Nessas horas, sou muito prática.

"Não vamos causar danos graves", explica a leoa.

Por um segundo, me vejo usando uma camiseta preta com um V vermelho no peito, feito uma super-heroína.

"Quem me dera ir com vocês", digo.

"Dá o cano no cara e junte-se a nós, queridinha", diz a leoa.

Penso em Jake. No jeito com que ele me abraçou no barco.

"Eu daria. Mas acho que esse cara pode ser especial."

A ratinha tira um chiclete da bolsa. "No começo, eles são todos especiais." Ela faz um olhar de tédio.

"Bom, boa sorte para vocês." Me viro para ir embora.

"Espera um segundo", diz o cadáver.

Olho para ela. Ela chega perto de mim, desbotada e fantasmagórica, e pisa num pedaço de papel higiênico que estava preso no meu salto.

"Seria meio constrangedor", diz.

"Você salvou a pátria", respondo.

Ela ensaia um sorriso nos lábios franzinos.

"Aliás, você não me disse qual é o seu conceito", pergunto. A leoa e a ratinha trocam olhares.

O cadáver me observa, calculando a situação.

Finalmente, diz: "Atropelamento. Comprei uma boneca inflável. O cabelo dela parece com o meu. Vou amarrar no pára-lama e escrever 'atropelamento' com graxa no pára-brisa." Ela faz um círculo no chão com o pé. "Psicótico demais?"

"Vai fundo", respondo.

Flutuo de volta para o restaurante.

"Eu estava quase chamando o resgate", diz Jake.

Subo no banquinho e mando um olhar bem sexy, um sorriso de quem não tem papel higiênico pendurado no sapato.

"A fofoca estava suculenta, é?" Ele enche nossos copos de saquê. "Espero que não tenha esfriado. Se tiver esfriado, podemos pedir mais um."

Olho para ele, e seus olhos transbordam convicção. Percebo que não consigo parar de sorrir.

Ele me olha, e se aproxima.

Um beijo completo, bem lento. Quando ele afasta os lábios dos meus, passo por um daqueles raros momentos em que perco totalmente o controle. Abro os olhos e vejo Jake sorrindo. De repente, me dou conta.

Tomei a decisão certa.

Capítulo Oito
Banheiro Feminino: Um Lugar Onde Tudo Vem às Claras

Caros homens,

se vocês são do tipo que acredita que as mulheres são o "sexo frágil", é evidente que jamais botaram os pés num Banheiro Feminino. Algumas mulheres são cruéis a ponto de fazer Tonya Harding parecer a Branca de Neve do gelo.

A bruxa má do leste, a esposa de *Acima de Qualquer Suspeita*, Grace Jones em *007 Na Mira dos Assassinos* – podem acreditar, são amadoras quando comparadas às mulheres do banheiro.

Um grupo de mulheres pode, por exemplo, decidir detonar outra fêmea. Elas deixam a vítima no bar, esgueiram-se até o banheiro e dizem coisas do tipo... "A Keri é tão exagerada, juro. Toda vez que ela bebe parece uma novela mexicana. Pelo amor de Deus, vai tomar Prozac. Não sei vocês, mas para mim essa é a última vez que a chamo para sair com a gente."

Enquanto isso, Keri não percebe que foi banida do grupo – até a semana seguinte, quando não recebe o convite para a festa de despedida de solteira.

Outro exemplo – e esse diz respeito a vocês, homens: você está num bar com os amigos, conhece um grupo de mulheres e, por alguma razão inexplicável, começa a achar que elas estão *interessadas* em você – só porque você paga bebidas para elas, e elas estão realmente *bebendo*. Aí o grupo se levanta para ir ao banheiro. Bem. Deixem-me explicar uma coisa, meus caros. Elas estão prestes a sair do banheiro e dar o fora. Sim, elas vão para o banheiro planejar a "fuga". Posso garantir: cinco minutos depois de sair do banheiro elas vão dizer que estão cansadas e vão para casa.

Elas têm uma vasta paleta de desculpas para escolher, mas em geral usam a frase-padrão. É mais ou menos assim: "Estou exausta e amanhã tenho que trabalhar cedo. Para mim, chega por hoje".

Ou:

"Passei a semana doente, acho que vou indo."

Podem acreditar, meus caros. Elas não estão cansadas. E não estão doentes.

Estão cansadas e doentes de olhar para a cara de vocês.

Elas foram até o banheiro, e vejam só o que disseram por lá...

"Gente, vocês ouviram aquele cara falar que investe em ações? Deu vontade de dizer 'Querido, se liga'. Nem todo o dinheiro do mundo vai me fazer esquecer que você é uma bola de boliche ambulante. Isso é o que eu chamo de barriga de chope. Não é um barril, é a desgraça da cervejaria inteira. Vamos dizer que estamos cansadas e precisamos ir para casa."

Não. Vocês não devem jamais subestimar o poder da Conversa de Banheiro. Lembram do filme *Wall Street*, daquela cena em que Michael Douglas pergunta para Charlie Sheen qual é a *commodity* mais valiosa do mundo? A resposta era "Informação".

O Banheiro Feminino é como o chão da Bolsa de Valores, onde a *commodity* mais valiosa do mundo – informação – é comercializada entre todas. Uma mulher que não acompanha as amigas ao banheiro corre o risco de sofrer um racionamento de informações. Em casos mais graves, ela pode ter de declarar falência.

Vinte e seis

É OFICIAL... ESTOU FERRADA. Penso em Jake Armstrong sem parar. Por favor, meu Deus. Chega dessa maluquice. Se eu não parar com isso, vou comer na mão do Jake. Naquela mão primorosa, forte, máscula, aquela mão de marinheiro.

Penso nas mãos de Jake passeando pelo meu corpo. Mãos firmes, pacientes, experientes. Explorando meu corpo, tirando meu vestido. Meu sutiã. Minha calcinha.

Penso em como ele se deitou por cima de mim no sofá enquanto a gente se agarrava. Eu estava nua. Ele não tirou a roupa.

No Café Java, olho para a tela do laptop, e só penso em Jake. Eu achei que não precisava desse homem. Eu não esperava por esse homem.

Deixo o biscoito que comprei largado em cima do *mousepad*. Olho para o biscoito, mas não o como. É difícil fazer isso, porque este é o melhor biscoito de Austin. É conhecido como "biscoito das sobras" porque tem de tudo – aveia, gotas de chocolate e pedacinhos minúsculos de caramelo.

O telefone toca. Dessa vez ele realmente toca. Nada de música. Achei que ficaria encantada com isso, mas me decepcionei. Queria que Aaron me surpreendesse com outra música.

Procuro o telefone, mas é tarde demais.

A menina ao meu lado se vira.

"Não viu o cartaz?", pergunta, com suas sobrancelhas que parecem punhais de pêlo. Ela aponta para a parede com o dedo, e acompanho o movimento.

O cartaz tem uma caveira e dois ossos cruzados. Embaixo, a foto de um celular.

Em um garrancho de Halloween, está escrito: Que tal um cianureto no café?

"Desculpe!" Pulo da cadeira e abafo o celular na barriga, como se fosse refém de um seqüestro.

O celular tem *vibracall*. Mas sofro de uma grave deficiência eletrônica, e nunca aprendi a usar. Tentei ler o manual, mas não passei da terceira página. (Primeiro Passo: Como Ligar e Desligar o Celular.) *Não quero* ser uma daquelas pessoas irritantes que falam no celular – mas acontece que realmente não posso deixar de atender o telefonema.

"Alô?" Estou torcendo para ser ele.

"Você não vai acreditar nessa merda!"

É a Heather.

"Ryan transou com a ex-namorada, logo depois de ME deixar em casa após nosso JANTAR DE DIA DOS NAMORADOS."

Ela grita tanto que tenho que correr para fora do café.

"Espera aí. O Ryan contou pra você que transou com a ex?", pergunto.

"Contou."

"Ele transou com *você* no dia dos namorados?"

"NÃO. Graças a Deus. Imagina só, ele ia fazer jornada dupla."

"Pelo menos teria sido primeiro com você."

"Eca! Não tem graça, Claire. Aí eu disse: 'E nós, Ryan?'. Sabe o que ele respondeu? 'Eu precisava saber se ela é *A Mulher*. E é!'."

"Nossa, Heather. Sinto muito."

Não quero que Heather fique mal. Digo que Ryan, O Grande, não era tão grande assim. (Depois que um cara dá um pé na bunda da sua amiga, você tem a obrigação de esmiuçar todos os defeitos dele.)

"O cabelo dele era ralo", digo. "Em breve ele vai ficar careca."

"Você acha que ele vai ficar careca?" A voz dela está cheia de esperança.

"Sem dúvida. E ele não faz o tipo que vai ser um Careca Sexy. Vai ser um Careca Caixa de Banco."

"Não sei, Claire. Achei que ele pudesse ser *O Cara*."

Ouvir essas duas palavras mais uma vez me assusta.

"Ele não é O Cara, Heather. O Cara *não* existe. O que existe são vários caras, e uma vida inteira de contratempos, lembra?"

Heather ri, e percebo que está melhor.

"*C'est la vie.* Tem outros homens em oferta no mercado", digo.

Desligamos, e dou uma passada rápida no banheiro. Não tem papel higiênico, porque as garçonetes estão muito ocupadas envenenando os clientes que falam no celular.

Só me dou conta disso quando já comecei os trabalhos, e então preciso sacudir, mexer para cima e para baixo e para os lados...

Que beleza. Olha como ela rebola...

Pelo menos pensei em uma nova lista.

Capítulo Nove
As Cinco Coisas que as Mulheres Mais Odeiam no Banheiro

Um recado para todos os donos de restaurantes, bares e boates: nós, mulheres, temos preferências bem específicas quando o assunto são banheiros. Se querem deixar suas clientes felizes, meus caros, por favor prestem atenção.

1. A Cabine Apertada. A cabine apertada é aquela câmara de tortura minúscula, na qual a porta fica perto demais da privada. Os arquitetos que projetam essas cabines são todos homens, e estão nos pregando uma peça cruel.
   Escutem bem, arquitetos. Não trabalhamos no Cirque Du Soleil. Não conseguimos fazer contorcionismo ali dentro sem dar com a cabeça na porta. Portanto, acreditamos que os homens que projetam cabines apertadas – aquelas em que a distância entre a porta e a privada é de um centímetro – devem ser forçados a morar lá dentro pelo período de uma semana, enquanto nós mulheres subimos nas privadas vizinhas e arremessamos laranjas na cabeça deles.

2. Banheiros sem Espelhos. Homens que estiverem lendo este texto, atenção: nós gostamos de conferir o bumbum. Como fica o bumbum dentro de uma calça jeans, de uma saia, de um vestido, do que vocês quiserem. Essa retrovisão só pode ser conseguida em um espelho de corpo inteiro. Até aqueles meios-espelhos, quando inclinados, servem.
   Entretanto, às vezes descobrimos que *não há espelho algum*. Tomem nota, donos de restaurantes, bares e boates – isso é pecado.
   Espelhos não são coisas ruins. Na verdade, são bem úteis. Pense bem: E se tivermos acabado de comer uma salada morna de espinafre, durante um encontro às escuras? Remover um verdinho do dente não é vaidade – é um serviço de utilidade pública, para ser sincera.
   E se estivermos olhando para o espelho e dissermos: "Espelho, espelho meu, existe alguém mais bonita do que eu?". E o espelho responder: "Gwyneth Paltrow"? Aí sim, nós saberíamos. Gwyneth é a mais bonita, e logo depois viemos nós.

O PECADO da falta de espelho é cometido quase sempre em cafés modernosos, de estilo europeu, que alimentam gente que supostamente não liga para a própria aparência. De onde saiu essa idéia de que mulheres que se vestem de preto dos pés à cabeça, decoram o corpo com tatuagens e têm *piercings* na sobrancelha não ligam para a própria aparência? Elas estão usando botas de motoqueiro que custaram 300 dólares. Elas *ligam* para aparência, posso garantir.

3. Símbolos na Porta do Banheiro. Muito bem, meus caros. Quem é o engraçadinho? Já entramos inadvertidamente em muito banheiro masculino por culpa de sinalização inadequada. Aquele negócio de gênero, do círculo com a cruz. O que representa as mulheres é a seta apontando para baixo ou a cruz apontando para cima? Ou é o contrário? Nunca conseguimos lembrar. Esses símbolos se tornam especialmente embaçados e confusos depois de alguns martínis de framboesa. (Sabe, às vezes os martínis parecem suquinho de fruta, e aí a gente acaba perdendo a conta.)
Além disso, que negócio é esse de fotografia na porta do banheiro? Essas fotos desbotadas – que exigem que a gente esfregue o nariz na porta do banheiro de um lugar escuro ou de uma boate com luzes estroboscópicas para saber se são de um homem ou de uma mulher – são totalmente desnecessárias. Às vezes a coisa fica realmente esquisita. Como nesses restaurantes indianos, onde há uma foto de um elefante e outra de um bode. As mulheres são o elefante ou o bode? É melhor que a gente seja o bode, ou o proprietário vai receber uma carta de reclamação.

4. Banheiros unissex. O mundo não é igual ao seriado *Ally McBeal*, meus caros. Talvez um banheiro com um singelo cartaz de WC na porta sirva para um café em Paris. Não nos importamos em dividir um reservado com um homem em Paris, porque Paris é Paris.

   Contudo, essa história de dividir banheiro não se encaixa muito bem num *nightclub* de beira de estrada em Nova Jersey, chamado Pererecas em Chamas – nem mesmo se o cartaz na porta mostra duas sapinhas pegando fogo.

   Não, senhores. Impossível achar que estamos passeando pelo Champs-Élysées, quando há uma promoção em que "Gatinhas pagam 1 drinque e levam 2".

   A experiência do banheiro unissex em um ambiente como esse não nos interessa.

   Além do mais, não queremos dividir o banheiro com vocês! Não queremos nos esgueirar pela selva de urina masculina. Queremos nossas colegas bêbadas e bagunceiras ao nosso lado! A maquiagem esparramada pela bancada, as pancadas na máquina de absorventes quebrada, as tristezas e alegrias das neuroses do nosso sexo espremidas em um pequeno espaço. Queremos um Banheiro Feminino!

5. A Funcionária Caxias do Banheiro. Quem já foi a um bar numa cidade mexicana de fronteira sem dúvida topou com uma tia que cobra por cada quadradinho de papel higiênico utilizado. Em geral, a oferta começa em 25 centavos por quadradinho. Deus permita que você não precise fazer nada além de um xixizinho. Caso contrário, a brincadeira vai custar caro.

   Nos Estados Unidos, felizmente, não temos de pagar pelos quadradinhos de papel. Os senhores são generosos o suficiente para oferecer rolos e mais rolos de um belíssimo papel branco, em troca do privilégio de pagar dez dólares por uma frozen-gororoba cor de rosa que sai de uma máquina xexelenta no bar. (Enquanto isso, um delicioso copo de tequila de primeira linha custa um dólar no México. Vá entender.)

Bem, algumas vezes os senhores nos surpreendem e contratam uma funcionária para os restaurantes e as boates mais elegantes. Se dermos sorte, ela simplesmente vai estar sentadinha numa bela cadeira aveludada, descansando. Ela dispôs uma série de produtos numa prateleira e, caso usemos algum deles, temos de pagar.

Entretanto, às vezes vocês gostam de contratar a tia que chamamos de Funcionária Caxias do Banheiro. Olha, sou totalmente a favor de gorjetas, mas não gosto de me sentir assediada, senhores. Tenho a capacidade de retirar sozinha uma folha de papel-toalha do cesto na minha frente. Não é agradável quando enfiam um papel-toalha no meu nariz. Não pedi por esse serviço.

Aí me vejo revirando a bolsa em busca de um dólar. (Um dólar é suficiente para um papel-toalha?) Saco. Só tenho uma nota de dez. Agora vou ter de inventar uma desculpa. Dizer para a tia alguma coisa como "já volto", e olhar para ela de maneira reconfortante, para garantir que eu seria incapaz de sair do bar sem passar pelo banheiro pelo menos mais umas cinco vezes.

Na pior das hipóteses, podemos dizer algo como "só tenho uma nota de dez". Nessa hora, a Funcionária Caxias do Banheiro sempre saca um bolo de notas do bolso. "Não se preocupe, tenho troco", diz.

Que ótimo. Agora tenho apenas nove dólares, e a frozen-gororoba cor de rosa custa dez.

Vá lá. Pelo menos sequei as mãos.

Dou uma mordidinha no "biscoito das sobras" – tenho a força de vontade de um guaxinim. Vou até o bebedouro. Eu adoraria tomar um cappuccino, mas não posso gastar quatro dólares. Não hoje. Não às vésperas de pagar a conta do celular.

A porta do Café Java se abre e – vejam só quem está aqui!

Leslie veste uma bermuda de ciclista feita de lycra e segura um capacete nas mãos.

"Claire!" Ela vem correndo, os tênis para ciclismo fazendo *nheco nheco nheco* no chão. "Qual é a boa?"

"A de sempre."

"Você não vai virar uma daquelas pessoas esquisitonas que freqüentam cafés, não é?"

"Bom, ainda não depilei as pernas."

Leslie dá uma gargalhada. Seu corpo delgado não se move. Olho para minha amiga de alto a baixo e, de repente, me dou conta de que comi mais biscoitos de sobras do que deveria.

"Você está em forma", digo.

Ela olha para si mesma: "Me sinto gorda quando uso essa bermuda."

"Por favor, não me obrigue a matar você."

"Desde que Colby e eu terminamos, pedalo oitenta quilômetros por dia."

"Só oitenta quilômetros?"

Leslie morde o lábio e diz, baixinho: "Eu sei que é pouco".

"Estou BRINCANDO. Oitenta quilômetros de *bicicleta*, não é? Desde quando você se transformou na Miss Tour de France?"

Ela fica brincando com o capacete, girando-o na cintura. Noto um sorrisinho maroto em seus lábios.

"A-rá! Qual é o nome dele?"

Ela ri. "Michael Donovan. A gente se conheceu na academia. Ele me convidou para andar de bicicleta, e fiquei viciada."

"Deixe-me entender. Primeiro você faz aulas de equitação por causa do Colby. E agora decidiu não cair do cavalo, se é que você me entende."

"Bom, é por uma boa causa."

"Sua vida sexual virou trabalho de caridade?"

"Não, Claire. Estou ajudando a angariar recursos para a fundação de Lance Armstrong. Michael e eu estamos treinando para o Ride for the Roses*. Você deveria vir. Vem, Claire. Eu queria que você conhecesse o Michael. Por que você e Jake não vão tomar um drinque com a gente?"

"Jake viajou de novo."

"Outra feira?"

Faço que sim com a cabeça. "A empresa dele acaba de abrir uma loja nova em Los Angeles. Você sabe que esse pessoal lá da Califórnia adora comida orgânica. E o Jake foi promover um novo suco de trigo orgânico. Eles vendem esse suco em garrafas."

Os olhos de Leslie brilham. "Humm, gostoso."

Ela vê o biscoito mordido ao lado do laptop.

Dou um sorriso envergonhado, como uma criança surpreendida roubando doces.

Ela bate o pezinho de ciclista no chão. *Toc, toc, toc.* "Tenho só uma coisa a dizer."

"Não diga."

"Atkins."

"Atkins é o maior engodo já feito contra o povo americano."

Leslie morde o lábio novamente. Agora ela fala sério. "Você sabe que nunca minto para você, não é?"

"Que rufem os tambores."

---

* Passeio ciclístico criado por Lance Armstrong em 1997 para angariar recursos para pesquisas e tratamentos contra o câncer. (N. T.)

"As mulheres da nossa idade – a gente tem que prestar atenção em tudo o que ingere. Você fica enfurnada em cafés o dia inteiro, Claire. Bebendo café. Comendo biscoitos." Leslie acaricia meu braço, para amenizar o discurso. "Não me leve a mal, você tem um corpo bonitinho. Não fique brava por eu ter dito isso."

"Você sabe que detesto a palavra 'bonitinho'."

"Seu corpo é *bonito*. Mas não é *firme*. Não sei se é um lance de auto-estima, por causa do que aconteceu no seu casamento. Mas a culpa *não foi sua*, Claire. Um cara que trai é um cara que trai. Ponto final. Não importa que você seja linda, ele sempre vai tentar procurar coisa melhor. E isso é péssimo. Pode acreditar. Sei que você se sentiu insignificante. Mas acabou. Você está em outra. Precisa começar a se cuidar melhor."

"Eu, eu...", gaguejo. *Eu estou embasbacada, chocada, perplexa...*

"Venha conhecer Michael hoje, e levo o melhor vídeo de abdominais que tenho. O nome é 'Abdo-fenomenal'. A apresentadora é uma garota totalmente nazista. Ela é demais."

Atônita, atordoada, desnorteada...

"Está bem", digo.

Vinte e sete

É UMA NOITE FRIA, CRISTALINA. Limpa. Vidro aberto, capota abaixada, o vento chicoteia meus cabelos e eu me sinto *ótima*.

Sim.

Estou. Ótima.

Penso em Jake. No jeito com que ele me puxou para perto dele. O tecido suave da camisa, os braços fortes, o cheiro dele.

Ele me beijou devagar, de olhos abertos. Em geral eu acho estranho quando o cara fica de olhos abertos. Mas, com Jake, foi uma delícia.

Sinto uma coisa na barriga e me dou conta de que estou com saudades dele.

Isso definitivamente. Não. É. Bom.

Ou será que é?

Não importa o que aconteça – não ligue para ele. Espere ele ligar.

Vasculho a bolsa, pego o celular e teclo o número de Jake.

Se ele quisesse ligar, já teria ligado. Está ocupado, está num congresso, deixa o homem em paz...

"Alô?"

"Sou eu." Falo baixinho, é quase um sussurro.

"Eu quem?"

"É... Claire. Claire St. John."

"Seu sobrenome é St. John?"

Esse homem está curtindo com a minha cara. Está de brincadeira comigo.

"Liguei só para dizer boa noite."

Jake dá uma risadinha. E meu coração dá aquela cambalhota.

"Nossa, que estranho. Porque eu ia ligar agora para dizer a mesma coisa, querida. Pensei em você o dia inteiro."

(*Fogos de artifício! Fanfarras! Jatos supersônicos sobrevoam minha cabeça...*)

"Para falar a verdade, eu estava aqui pensando... No próximo fim de semana tenho outra feira em São Francisco. Você não gostaria de me acompanhar?

(*São Francisco! Com Jake!*)

"Não precisa responder agora", diz ele. "Pense no assunto."

"Eu quero!"

Vinte e oito

Seria um pecado não sentar do lado de fora hoje à noite. Fiquei feliz por Leslie ter escolhido o Little Woodrow's porque 1) tem uma das melhores varandas ao ar livre da cidade e 2) é um bar informal, para ir de jeans e sandália de dedo.

O Little Woodrow é freqüentado por uma turma certinha. Gente com emprego e vida estáveis. Gente do tipo Banana Republic.

Esse pessoal não quer "se dar bem". Quer apenas relaxar com os amigos depois do trabalho. A ironia do Little Woodrow é que, por não ser um bar de gente que vai à caça, acaba virando um ótimo bar para ir à caça.

Os caras que se reúnem aqui não fazem joguinhos. Não são aqueles homens cafonas que ficam com filas de mulheres. Já se aventuraram em relações de longo prazo e sabem o que significa estar comprometido. Eles gostam de fazer trilhas de bicicleta e andar de caiaque, são bem-sucedidos financeiramente mas não ficam se gabando, e adoram a própria mãe. Freqüentaram escolas públicas e se formaram em administração ou comunicação. Usam camisetas e bonés com o logotipo da universidade, têm cachorros e sempre saem para passear com eles. São bons partidos.

Vocês se lembram dos anos 1950? Aparentemente, nos anos 1950 aconteceu um fenômeno em que os homens efetivamente corriam atrás das mulheres. Ligavam para os "brotos" e as convidavam para dar um "rolé". Em algum momento entre os anos 1950 e os dias de hoje, vários homens desapareceram e nunca mais foram vistos. (E todos os homens decentes que sobraram viraram gays.) Atualmente, diante da grave escassez de solteiros disponíveis no planeta, parece que as mulheres têm a infeliz incumbência de correr atrás dos homens – ainda por cima de salto alto.

As mulheres que freqüentam o Little Woodrow's são discretas. Não deixam na vista que estão atrás de maridos. Na verdade, sabem disfarçar muito bem suas intenções.

Por exemplo: usam sandálias de dedo, mas são sandálias de dedo arrumadinhas, com flores enfeitando. Usam saias delicadas, com estampas florais. As saias escondem um recado: *Eu não ficaria bem ao seu lado, na igreja, sendo apresentada à sua mãe?* Prendem o cabelo com fivelas. Essas mulheres sabem exatamente o que estão fazendo.

De calça jeans e tênis Nike, espero Leslie no Little Woodrow's. O Nissan vermelho dela passa discretamente pelo bar.

Leslie salta do carro, liga o alarme e caminha em direção ao bar. Ela anda com segurança, os braços relaxados, a postura ereta. Considerando que é pequenina, essa mulher parece um trovão.

Ela fala ao celular em um ouvido e, ao mesmo tempo, procura alguma coisa na bolsa. Com uma cara séria, mostra a carteira de identidade para o recepcionista. Ele diz que ela parece ser mais jovem do que é. E ela responde: "Obrigada, sempre me dizem isso".

Ela me vê e dá um tchauzinho. "Ligo depois", diz, e desliga o celular. Ela vem chegando, vestindo um jeans justo e uma camiseta preta com um decote que deixa a linha entre os seios à mostra.

Leslie tem seios ambiciosos. Esses seios devem achar que pertencem a uma mulher mais alta. Em geral, os caras pensam que os seios não são originais de fábrica. Mas Leslie chorava por causa deles quando éramos jovens, testemunhei esses momentos.

Hoje em dia, os seios despertam mais elogios.

"Odeio quando os homens olham para meus seios enquanto falo." Ela sempre diz isso, mas sei que, no fundo, ela não liga.

"Oi!" Dou um abraço na minha amiga. "Que roupa linda."

"Esse jeans me deixa gorda?"

"Assim você me obriga a partir para a violência", respondo.

Ela ri e tira um DVD da bolsa. "Antes que eu me esqueça."

Pego o DVD como se estivesse segurando uma granada. Na capa, está escrito ABDO-FENOMENAL, e a mulher na foto lembra Demi Moore em *Até o Limite da Honra.*

"Pode acreditar, essa mulher bota para quebrar, Claire. Imagina só! Você pode fazer uma surpresa para o Jake e exibir sua nova barriga durinha."

"Vou começar amanhã mesmo", digo. E é quase sério.

Leslie olha para o bar. "Não vejo Michael."

"Vamos pegar uma bebida."

Ela concorda, e vamos até o balcão.

"Então, me conta. A coisa é séria?", pergunto.

Ela sorri. "Ele já dormiu na minha casa."

"Nossa. Que rápido."

"A gente ainda não transou. Mas já fizemos quase tudo."

"Sexo oral?"

"Isso mesmo. Michael sabe tudo."

"Qual é o truque dele?"

"Ele leva a coisa a sério, como um emprego, Claire."

"Quanto você paga para ele?"

"Engraçadinha."

Leslie se apóia no bar e pede duas cervejas. Um cara chega perto dela pelas costas. É magrinho e seco, como ela, e tem uma cara bonitinha de intelectual.

"Oi, menina." Ele cutuca Leslie no ombro. "Não vi você entrar."

"Oi!" Leslie dá um gritinho. Ela se vira e abraça ele pelo pescoço, um abraço apertado.

Ele sorri, mas reparo que se afasta antes dela.

Ele estende a mão. "Prazer, Michael. Você deve ser a Claire."

Eu devo ser.

"Prazer, Michael." Ele tem uma pele lisa e um aperto firme para um cara daquele tamanho.

Leslie dá uma olhada para mim. Devolvo um olhar do tipo "aprovado". Ela percebe e manda um sinal de "eu sabia que você ia gostar".

(As mulheres dariam ótimas espiãs, juro. Não precisamos de complexos sinais de fumaça ou de códigos do tipo "a encomenda foi entregue". Basta um contato visual de um segundo, e *entendemos tudo.*)

Leslie pergunta para Michael: "Quer uma cerveja?".

"Estou a postos", ele responde. Ele fica de pé, com as pernas afastadas, mãos na cintura. Parece um comandante militar.

Confiro o cara. Ele é todo arrumado e correto. Calça cáqui, passada com vinco, camisa engomada, cinto preto e – acertou – sapato preto. O cabelo tem um corte curto e quadrado, e o único assessório é um celular preso no cinto. Aposto o que você quiser que a casa dele é imaculadamente limpa.

"O que você faz, *Claire*?", ele pergunta.

Sorrio. O cara é profissional. Diz meu nome no final da frase. Bom, eu também conheço esse truque.

"Sou advogada, *Michael.* Mas estou começando uma nova e fascinante carreira de escritora pé-rapado."

"É mesmo? Você está escrevendo alguma coisa?"

Essa não. Michael é certinho mesmo. Um cara mais ousado, mais descolado, teria aproveitado o comentário sobre a "nova e fascinante carreira" e retrucado: "É mesmo? Qual é a graça de ser um pé-rapado, Claire?".

Mas Michael não é assim.

"Um livro sobre a cultura do banheiro feminino."

"Legal. Ouvi dizer que é preciso insistir algumas vezes até conseguir publicar um livro. É como John Grisham. As pessoas acham que *A Firma* foi o primeiro livro que ele escreveu. Mas, na verdade, ele escreveu *Tempo de Matar* antes de *A Firma*, só que esse livro não vendeu muito. Aí ele estourou com *A Firma*, e os caras reeditaram *Tempo de Matar*. E aí foi", Michael para e dá uma risadinha, "matador."

"Rá rá rá. Boa", respondo.

Tenho certeza – certeza *absoluta* – de que Michael acha que tem uma ironia afiada. Aquela ironia vibrante, feroz, salve-se-quem-puder-porque-sou-hilariante, o tipo de ironia que as pessoas de Omaha ou do Nebraska simplesmente não têm.

Pobrezinho.

"Claire, quem sabe seu livro sobre o banheiro feminino venda tanto quanto *A Firma*."

Bom, agora você está me sacaneando, Michael. Achei que você fosse um cara legal, um tipo bonzinho do Meio-Oeste, mas na verdade você é mau. Você está falando sério mesmo? Está realmente comparando minha obra cambaleante e interminada com A Firma*?*

Vasculho os olhos dele em busca de um indício de sarcasmo. Michael me observa com um olhar sincero, um olhar de quem cresceu no Nebraska e é incapaz de reconhecer o sarcasmo – mesmo que o sarcasmo saltitasse diante dele.

"Bom, ainda nem sei se é um livro para valer", digo. "Não é literatura séria. É o tipo de livro para se ler..."

"No banheiro?", interrompe ele.

"Rá rá. Ponto para você, Michael. Não, eu ia dizer que é o tipo de livro para se ler no avião. É. Então, Michael..." (*Que tal trocarmos de lugar?*) "A Leslie me disse que você é gerente da filial de uma financiadora?"

Ele estufa o peito. "Movimento um milhão por mês em financiamentos de imóveis." Ele retira um cartão do bolso da camisa e enfia na minha mão. Olho e vejo que o cartão tem uma foto dele – Michael de terno, sorrindo, com gel no cabelo. No cartão, está escrito: "Financiamentos Michael Donovan. Aqui seu sonho vira realidade".

"Claire, se você quiser comprar uma casa, sou a pessoa certa."

Michael, não tenho dinheiro nem para comprar um capuccino.

Leslie se vira e me passa uma Corona.

Michael aponta para uma mesa grande de madeira. "Estamos num grupo grande ali." Leslie e eu somos pegas de surpresa, e ficamos paralisadas.

Dois caras dividem a mesa com oito meninas. Elas são bonitas, malhadas, e os caras sorriem como se tivessem acabado de ganhar medalhas olímpicas.

"Venham, vou apresentar vocês", diz Michael.

Ele nos conduz ao ninho das cobras.

Leslie chega perto de mim. "AimeuDeus, Claire. Aquela tal de Jennifer está aqui!"

"Que Jennifer?"

"A menina nova da academia. Da última vez que fui andar de bicicleta com Michael, ele a convidou para vir junto. Eu não queria que ele pensasse que sou ciumenta, aí eu disse: 'Que simpático você ter convidado a Jennifer, Michael. Vamos os três, vai ser divertido'. Bom, ela ficou pedalando na nossa frente o tempo todo. A vaca pedalava de um jeito que parecia que o traseiro dela estava pegando fogo."

"Não acredito que ele convidou essa mulher!", digo.

Chegamos à mesa.

"Oi, gente – esta é a Claire, e esta é a Leslie", diz Michael.

Essa não, Michael. Que equívoco. Ele não apresentou Leslie como sua namorada. Colocou nós duas no mesmo saco.

"Vamos ver se consigo repassar todo mundo", diz ele.

Tenho a sensação de que ele não vai ter dificuldades em se lembrar do nome de ninguém. É um cara esperto. Ele me perguntou algumas coisas, o que prova que é educado o suficiente para se interessar pelas amigas de Leslie. Mas dá para perceber que tem potencial para embromação. O júri ainda está reunido, mas as provas apontam nitidamente para uma sentença de condenação.

(Toda mulher já namorou um Embromador em algum momento da vida. Esse sujeito, em geral na casa dos trinta, vive em cima do muro. O Embromador é o rei dos solteirões. É um cara que adora deixar você confusa. Se numa semana você pensa que ele vai pedir sua mão em casamento, na outra ele vai para o bar com os amigos e ignora sua presença ao lado dele. Não é fácil decifrar o Embromador. Mesmo quando ele entra na sua casa e vai dormir lá, você tem a sensação constante de que ele mantém um pé do lado de fora. Ele fica de conversinha com outras mulheres na sua frente. Será que está apenas sendo simpático?, você se pergunta. Ou será que não quer fechar nenhuma porta? O Embromador sempre deixa essa dúvida no ar.)

Michael começa a apresentar todos. "Essa é a Vicky, e essa é a Maria. Michelle, Paula..."

Olho em volta. As meninas da mesa sorriem para mim. São ratas de academia, atléticas, em forma – como Leslie. Vestem roupas da moda que marcam suas curvas. De repente, me vejo no meio de uma selva de braços delgados e firmes; de pernas bem torneadas e musculosas; de posturas perfeitas.

Estou de calça larga e casaco peludo, e sinto-me igual a um mamute. Nossa, é melhor eu começar a malhar mesmo. Afinal de contas, este é o Ano de Claire.

Michael ainda está apresentando as pessoas da mesa: "Kerri, Amy, Meredith...".

Todo mundo é fofinho, dá tchauzinho e sorrisinhos. Todo mundo tem a cara rosada e saudável. Nenhum mamute a vista.

"E por último, mas não menos importante, Jennifer." Michael aponta para Jennifer.

"Não sei se a Leslie contou, mas Jennifer deu uma surra na gente outro dia, de bicicleta", diz ele.

Jennifer sorri. "Você também foi rápido, Michael."

Leslie e eu trocamos mais um olhar de espiãs. O rosto dela diz *Não acredito que ele falou isso!* Meu rosto diz *Não acredito que ela falou isso!*

Michael se acomoda num lugar vazio. A expressão corporal dele é suspeita. Ele não segura Leslie pela mão. Na verdade, ele mantém distância, tenta dar uma de tranqüilo. Tem uma postura relaxada, informal. É como se estivesse dizendo: "Olha, aqui todo mundo é só amigo".

Saiu o veredicto. Michael não quer fechar nenhuma porta. Olá, Embromador!

Leslie anuncia: "Vou ao toalete".

Coloco minha cerveja na mesa. "Eu vou junto."

O banheiro é frio e cheira a cerveja velha. O chão está sujo de papel higiênico molhado, a pia é cheia de bitucas de cigarro.

Chegando lá, Leslie começa a andar de um lado para o outro.

"Assim eu vou pirar! Por que ele faz isso? Outro dia mesmo ele não saía de cima de mim. Hoje está completamente distante. Deve ser por causa da Jennifer!"

"Bom, ele apresentou todo mundo. Tecnicamente, ele não fez nada de errado." Falo como uma advogada. "Talvez ele tenha dificuldade de demonstrar afeto em público."

"Eu também detesto demonstrações públicas de afeto. Mas desse jeito parece que eu estava tentando enfiar a língua na garganta dele! Calma aí! Poxa, a gente está namorando, não está? Ele dorme na minha casa! E você viu o jeito dela olhar para ele? Ela não tira os olhos dele!"

"O que interessa é se ele está ou não interessado nela. E, por enquanto, ele foi simpático com todo mundo."

"Claire, pelo amor de Deus! Que história é essa de 'Jennifer deu uma surra na gente'? Que história é *ESSA*?"

"Talvez ele esteja sendo educado. Olha, esquece essa mulher. Seja você mesma e veja o que acontece."

Leslie abre a bolsa e pega um gloss. Ela chega perto do espelho e dá uma rápida retocada na boca.

"Estou bem?" Ela se vira para mim. "Estou com cara de quem vai pirar?"

"Linda. Você não tem que se preocupar com nada."

Leslie sai voando pela porta, e eu vou atrás. Chegamos perto do ninho de cobras, e subitamente percebo que tudo o que eu disse estava completamente errado. Ela e eu percebemos no mesmo momento.

Michael está sentado ao lado de Jennifer. Apesar de haver muita gente na mesa, os dois estão completamente absortos. Ele apóia o cotovelo na mesa e sustenta o queixo com o pulso. Jennifer está animada. Tem o jeito de falar e sorrir de uma mulher que anda muito, muito rápido de bicicleta.

Leslie solta um ganido.

"Sorria!", digo, e cutuco-a com o cotovelo.

Leslie caminha calmamente até Michael. Dá um sorriso simpático para Jennifer. Jeniffer sorri de volta. É uma maratona de sorrisos.

"Perdemos alguma coisa?", pergunto.

"Jennifer dá aula de *spinning* às terças à noite", diz Michael. "Ela acha que eu deveria começar a fazer treinos internos para a corrida."

"O *spinning* prepara melhor do que qualquer treino na rua", diz Jennifer, cheia de segurança.

"Parece meio arriscado", comenta Leslie.

"É uma boa idéia", diz Michael.

Leslie olha para mim.

Decido tomar partido. Isso não é justo. O Embromador-mor não sabe o que o aguarda.

"Jennifer, conte como você começou a pedalar", pergunto, e me sento perto dela. Como fiquei do outro lado, ela é obrigada a tirar os olhos de Michael.

Jennifer não quer ser mal-educada, e fica meio-virada para mim.

"Pedalo desde os tempos de faculdade", diz ela. E tenta se virar de volta para Michael.

"Admiro qualquer um que tenha essa força de vontade", respondo rápido. "Como você consegue?"

Jennifer dá um sorriso educado. Por cima do ombro dela, percebo que Leslie fez uma manobra invisível e se espremeu ao lado de Michael.

Leslie e eu parecemos dois leões selvagens. Sabe quando um leão ataca o búfalo pelas costas e segura a presa enquanto o outro leão ajuda a devorá-la? É assim que me sinto. Sou o leão que deu a patada.

Jennifer prende o cabelo atrás da orelha. "Vou até o bar. Alguém quer alguma coisa?" (Uma fuga inteligente.)

"Eu não quero nada", diz Michael. O olhar dele vai de Leslie para Jennifer, e percebo que ele embroma enquanto fala.

Ofendida, Jennifer vai até o bar. Está ferida, mas não derrotada.

Levanto da mesa. "Leslie, o Michael leva você para casa? Quer carona?"

Leslie olha para Michael. Encurralamos o cara. *Grrr...*

Michael olha para mim. E eu olho para ele.

E aí, Embromador? Como é que fica?

"Acho que posso levá-la", diz.

Jennifer volta com uma cerveja na mão.

Leslie se levanta e puxa Michael pelo braço. "Foi bom ver você, Jennifer", diz ela, num tom doce.

Jennifer dá um sorriso tenso. Olha para Michael. Ele ignora o constrangimento e conduz Leslie até a saída.

Na mesa, o grupo se divide. Observo Jennifer fitar a garrafa de cerveja. A garrafa está cheia, mas ela larga a cerveja em cima da mesa. É esperta o suficiente para não ficar bebendo sozinha no Little Woodrow's. Uma mulher não deve fazer isso. Não é coisa de quem usa saias delicadas.

Da porta, percebo que Jennifer olha em volta. Ela é como todas nós – mais uma mulher de trinta e poucos anos procurando o cara certo. Espero que ela encontre.

Espero que todas nós encontremos.

Vinte e nove

Preparo uma xícara de chá de camomila e me planto diante do laptop. Lá fora está escuro, mas não consigo dormir. Fico pensando em Leslie e Jennifer. Duas mulheres bacanas lutando por um cara que mal chega a ser medíocre. Tudo bem, ele era bonitinho, mas não é nenhum Keanu Reeves.

É, os anos 1950 ficaram para trás mesmo. Hoje em dia, a gente reza para encontrar um bom gerente de filial.

Capítulo Dez
Babuínos no Banheiro

Eu não queria incluir macacos na conversa. Mas as fêmeas dos babuínos têm traseiros de um laranja pronunciado. Vocês já devem ter visto tais traseiros no Discovery Channel, senhores. Seria difícil não notar, porque toda vez que a babuinazinha se levanta do chão, seu traseiro ocupa metade da tela. São traseiros gigantes, redondos – tipo o da Jennifer Lopez. Só que mais carnudos.

As fêmeas se utilizam desses traseiros grandes e alaranjados para atrair os machos. Ai, ai, ai. Quanto maior o traseiro e mais gritante o tom de laranja, melhor.

Vocês já repararam nas fêmeas flanando pelas savanas, piscando suas pestanas para os babuínos bonitões? Elas provavelmente usam todos os truques do jogo, deixam cair um galho e se abaixam para pegá-lo bem na hora certa, olham para os babuínos de viés, dando aquele sinal maroto de quem diz "olha só meu bumbum laranja".

À semelhança das fêmeas dos babuínos, as mulheres competem pela atenção dos machos – educadamente, mas com intensidade. Na verdade, Charles Darwin nem precisaria ter ido até as Ilhas Galápagos para desenvolver sua teoria da seleção natural. Bastaria ter entrado num banheiro feminino e dito: "Olá, meninas. Eu estava pensando em estudar uns tico-ticos, mas acho que prefiro observar vocês se alfinetando diante do espelho".

Todos os homens que estiverem lendo isso devem entender uma coisa. O Ato de Se Olhar no Espelho pode dar a impressão de ser uma inocente conferida nas roupas e na maquiagem. Mas, na verdade, é um acontecimento marcado por uma competição acirrada. Se você prestar atenção, vai notar que os olhares passam de uma mulher à outra, que medem as roupas, o cabelo, a maquiagem, as jóias. Para a platéia, é um esporte emocionante (como a bocha), no qual as mulheres se esforçam para calcular o tamanho e a intensidade do laranja de todos os traseiros ao seu redor, numa tentativa de fazer o próprio traseiro parecer maior e mais laranja.

Por exemplo: se surge uma mulher usando um batom cor-de-rosa, chamativo e sensual, a outra é capaz de reforçar o próprio batom e de abaixar a blusa ainda mais, de modo a expor a linha dos seios. Uma terceira mulher irá pegar o batom emprestado, abaixar a blusa ainda mais de modo a expor a linha dos seios e ajeitar o cabelo num penteado bufante. Esse ciclo prossegue até o ponto em que todas as competidoras se pareçam com um bando de palhaços.

As mulheres então flanam de volta à savana (ou seja, ao salão do restaurante), piscam para os jovens e belos babuínos machos (ou seja, os casos perdidos) e exibem os lábios cor-de-rosa, as linhas dos seios e os penteados bufantes. (Finalmente, se uma delas tiver sorte, pode ser que o babuíno a convide para acasalar.)

Trinta

NA MANHÃ SEGUINTE, O TELEFONE toca logo cedo. É um toque normal, entediante.

"Acabou!", choraminga Leslie.

"Não acredito!"

"Passamos uma noite maravilhosa, e aí hoje de manhã ele me disse que não sentiu nada! Ele disse: 'é como se eu não estivesse aqui'!"

"Vocês foram para a cama?"

"Fomos para a cama, mas não *fomos* para a cama."

"Ele falou que é por causa da Jennifer?"

"Ele disse 'não necessariamente'."

"Não necessariamente?"

"Ai, Claire. Não sei. Se ele não consegue sentir nada, é porque não sente nada mesmo. Mas terça à noite foi uma loucura, foi um sufoco convencê-lo a ir embora no dia seguinte de manhã. E agora essa!"

"Leslie, eu quis dar o benefício da dúvida ao Michael. Mas esse cara é diretor-presidente da Associação Internacional dos Embromadores."

"Poxa, Claire. Eu sei que parece meio idiota, mas eu pensei que... a gente se parecia tanto... eu pensei que ele poderia ser..."

"Pssst! Não diga isso. Não diga que você pensou que ele pudesse ser O Cara."

Leslie dá uma fungada. "Claire, estou tão para baixo! Sabe, primeiro foi o Colby. E agora o Michael."

"Presta atenção, Les. Você tem que partir para outra." Fico surpresa com o tom da minha voz. Falo como uma advogada de novo.

"Talvez você deva seguir seu próprio conselho, Claire."

Aperto o telefone contra o ouvido. Respiro lentamente. Inspiro, expiro. "O que você quer dizer com isso?"

"Aaron me falou do quadro."

"É só um quadro."

"Acorda, Claire. Eu ganho a vida fotografando casamentos."

"E daí?"

"E daí que o casal do quadro é igual a você e o Charles, cuspidos e escarrados."

"*Não* é não!"

"Olhe com atenção."

Corro até a sala.

"O homem está de chapéu panamá, Leslie! O Charles jamais usaria chapéu panamá!"

"Repare nos olhos dele", diz Leslie.

Observo o quadro. Os braços do homem estão ao redor do ombro da mulher, mas ele não olha para ela. Ele olha para frente como se estivesse mantendo as aparências de alguma coisa que existiu no passado.

Meu coração bate enfurecidamente. É um maremoto.

Leslie suspira no telefone. "Olha, me liga mais tarde."

Vou até a cozinha me arrastando, e cavuco o pote de sorvete com a Colher Gigante.

Tranqüilidade e Silêncio juntam-se a mim para tomar café-da-manhã, sem terem sido convidados. Mas aí ouço um *toc toc* na porta. Abro um sorriso aliviado e digo para Tranqüilidade e Silêncio que tenho coisas importantes a fazer...

Atravesso a cozinha com o pote de sorvete na mão.

Vejo Heather na porta, braços cruzados na frente do corpo, numa postura desafiadora. Veste uma bermuda de fazer ginástica e uma camiseta do Arizona Sun Devils. Parece confusa, sem rumo.

"Bom dia!", digo, feliz por ter companhia. "Quer uma colherada de chocolate choc-chip?"

Ela responde: "Acho que estou grávida".

Trinta e um

Vôo para a farmácia. Heather abraça os joelhos e se balança para frente e para trás.

"Nunca atrasou tanto", diz ela.

"Achei que você tomasse pílula."

Ela faz uma careta. "Parei. Logo depois que conheci o Príncipe Encantado."

"Heather, pelo amor de Deus!"

"Eu queria dar um tempo com os hormônios. Você sabe que meu rosto estava ficando todo manchado."

"Ele tomou alguma precaução?"

"Não – quer dizer, sim. A gente usava a tabelinha."

"Minha tia teve seis filhos usando a tabelinha."

"Eu sei. Mas achei que ele fosse *O Cara*, Claire. Acho que me deixei levar."

"Vocês estavam saindo havia uma semana."

"É, mas a gente se viu cinco noites seguidas, por isso parecia mais tempo."

Passo um sinal amarelo e fecho a cara.

"Não brigue comigo", diz Heather.

"O cara diz que é religioso e gosta de ler. No dia seguinte, você encomenda os convites de casamento."

"Sou uma besta." Ela olha para mim com aqueles olhos azuis e enluarados.

"Não, não é. Você é igual a todas as mulheres, à espera de um príncipe de conto de fadas."

"Não existe nenhum princípe", murmura Heather. "O que existe é um monte de desocupados, montados nuns macacos."

Entro no estacionamento cantando pneu.

"Qual você prefere? O do palitinho ou o do copo?"

"O do palitinho."

"Já volto."

Corro para dentro e vasculho os corredores.

Ah, aqui estão. Bem ao lado das camisinhas.

Pego um teste de gravidez e me dirijo ao caixa. Entro na fila. Ai, meu Deus. Tomara que ninguém me veja.

"Ora, vejam só. Olá, Heidi Fleiss. A que esta modesta farmácia deve a honra?"

Essa não.

Aaron.

Olho para ele.

Está de camisa azul bebê toda estilosa e uns óculos escuros da Gucci, que ele "pegou emprestado" de um modelo *junkie* que conheceu na última ida a Nova York. Vejo que ele vai comprar um tubo de *spray* inseticida.

Ele vê que vou comprar um teste de gravidez.

"Não é para mim."

"Espera! Não me conte. Quero adivinhar. Quem sucumbiu à paixão de *l'amour*...?"

"A-rá!" Ele levanta o indicador. "Heather", diz, no momento em que Heather entra e nos vê. Imagino que ela vai virar e fugir em disparada, mas ela vem direto até nós.

"Bom dia, Aaron. Quer participar da nossa festinha?" Ela tem uma voz calma, distante, totalmente Sharon Stone.

Como é que ela consegue?

Ele se aproxima de Heather e a enlaça pela cintura. "Fale comigo. Você está segurando as pontas?"

"Não... não tenho certeza."

"Diga o nome dele, vou matá-lo. Nunca vão suspeitar de uma bichinha."

"Ele se chama Ryan", diz Heather. "Provavelmente você não conhece."

"Ryan Jones? O mesmo Ryan Jones que vive naquele vai-não-vai com Colette McKay? O *affaire* deles está nas revistas de fofoca há meses..."

Heather faz um sinal positivo com a cabeça. "O mundo é tão pequeno. Austin é tão pequena."

"Não se preocupe, queridinha. Sou um túmulo." Aaron tampa os ouvidos.

Heather e eu olhamos para ele.

"Juro que não vou falar um 'a'." Ele ergue a mão como se estivesse prestando juramento. "Palavra de escoteira."

Paro no caixa. A moça pergunta se quero uma sacola.

Não. Prefiro salvar o planeta e carregar esse teste de gravidez totalmente à mostra.

"Seria bom", respondo.

Heather, Aaron e eu caminhamos pelo estacionamento. Heather arrasta as sandálias enquanto anda. O sol forte parece a iluminação de uma sala de cirurgia.

"Dá para fritar um ovo no asfalto", diz Aaron.

"Nem acredito nesse calor", falo. E percebo que estamos fazendo o que as pessoas fazem em momentos de tensão. Estamos falando sobre o tempo.

Olho para Heather. Ela solta um suspiro. É um suspiro longo, existencialista.

Finalmente, ela diz: "Não agüento mais".

"Sabe o que ajuda nessas horas?", pergunta Aaron. "Vod-ca." Ele força um sotaque russo. "Vodca e mais vod-ca."

Olho para o relógio. "É meio-dia."

"E daí?", diz Aaron. "Você tem algum compromisso? Uma reunião no Salão Oval da Casa Branca?"

"Muito engraçado." Fico meio ofendida, mas acho que ele tem razão.

"O bloody mary do Casino El Camino é divino", diz Aaron. "Um 'esquenta' cairia bem antes da minha caçada."

Heather e eu abrimos as portas do carro e deixamos arejar.

"E aí? As damas e cavalas já decidiram?", pergunta Aaron.

"Quem você chamou de cavala?", pergunto, e dou um soquinho no peito de Aaron.

"Quem você chamou de dama?", pergunta Heather. Ela ensaia um sorriso apagado.

Deus abençoe Aaron. O humor dele ajuda Heather. Ele sabe que ela não quer transformar a situação numa cena lacrimejante, à la Oprah Winfrey, sou-uma-coitadinha.

Seguimos o Volkswagen azul de Aaron até a rua Seis. No carro, Heather permanece estóica. No estacionamento, ela se deixou levar por um momento. Mas agora olha a paisagem pela janela do carro.

Estico a mão e afago seu braço. "Pode contar comigo."

"Obrigada. É que... você sabe, né? Aquele aborto na época do Chris... me marcou muito. Ainda marca. Às vezes fico pensando no bebê, no que teria acontecido se eu não tivesse perdido. Será que eu e o Chris ainda seríamos casados? Ai, Claire! Como é que eu pude? Eu não sou burra."

Heather se vira e me olha com aqueles olhos de lua azul. "Conversa comigo", diz ela. "Fala sobre o Jake, sobre alguma coisa."

"Bom, ele não pára mais em Austin, vive viajando a trabalho. Ele me convidou para ir a uma feira em São Francisco no fim de semana que vem."

"Que bom."

"Acho que vai ser especial. Viajar com ele vai ser especial."

"Nada prende você aqui. Você não tem emprego, não tem nada."

"Valeu, mãe."

"Você entendeu. Você trabalhou feito uma desgraçada em Nova York todos esses anos. Agora tem tempo livre. É a oportunidade ideal, Claire. Quantas vezes na vida uma coisa assim acontece?"

Trinta e dois

O Casino El Camino é um bar caído na rua Seis. O lugar parece estar afundando. Saímos do sol forte, e a porta range quando entramos. O bar é escuro como a noite e cheira a cinzeiro sujo. Um cara tatuado limpa o chão, e um cheiro forte de produto de limpeza paira no ar.

"Ah, o Mediterrâneo", diz Aaron. "Fica tão agradável nessa época do ano, não é mesmo?"

Peço uma cuba libre. Heather e Aaron vão de bloody mary.

"Sabe, essa coisa Samantha, meio *Sex and the City*, é ótima na teoria, queridinha", diz ele. "Mas a liberação sexual pede uma certa *finesse*."

Heather afunda um talo de aipo na bebida. "Atire-me aos leões", diz.

Ela desce do banquinho e levanta a cabeça. "É agora ou nunca, gente." Ela se vira e marcha em direção ao banheiro.

Dou um pulo e vou atrás. Ela abre a porta do banheiro – com força. A porta bate na parede e quase acerta minha cara na volta.

"Bela desviada", diz Aaron. Ele vem logo atrás de mim, carregando os dois bloody marys.

Olho para ele com um ar desconfiado.

"É remédio", ele explica.

Heather olha para a porta. "Eu não sabia que seria um acontecimento coletivo."

Aaron suga pelo canudinho. "É uma festa de verão. Agora vá lá. Vamos descobrir se terei a chance de quebrar a cara desse sujeito."

Heather olha para mim e dá um sorrisinho maluquete.

"Bisturi", diz ela, com a mão estendida.

Rasgo a caixa e entrego o bastão.

"Confere", respondo. Isso aqui virou Sessão da Tarde, voltamos todos a ser adolescentes de novo.

Ela entra na cabine.

"Tudo bem aí, queridinha?", grita Aaron. "Chamem a Guarda Costeira. Parece que há uma vítima de afogamento."

"Cala a boca, George Michael", responde Heather. "Bom, cruzem os dedos."

Aaron apóia os copos no chão e *cruza os dedos mesmo.*

(Meus amigos são muito estranhos, juro. Se eu dissesse para o Aaron bater na madeira, ele iria atrás de um pedaço de madeira.)

"Quantas linhas cor-de-rosa apareceram? Uma linha é bom, duas linhas é ruim", digo.

"Claire, eu conheço a brincadeira. Está bem. Espera um minuto. Está aparecendo. Meio apagadinho, mas parece que é, parece que é... Iúpi! Vitória!"

Heather sai da cabine, batemos nossas mãos no ar. Ficamos os três abraçados, como atletas depois de um jogo decisivo.

Uma Linha Rosa, Dois Bloody Marys e Três Melhores Amigos. Misture e tudo e sirva com gelo...

Capítulo Onze
Nem Tudo são Rosas

Com o objetivo de parecer sérias e refinadas, as mulheres jamais mencionam determinadas experiências do banheiro para os homens. Nunca, jamais.

1. O Vômito do Porre. Não se preocupe, colega. Eu seguro sua testa. Mas por que você mamou todas aquelas doses de tequila? Não conhece aquela musiquinha: "Uma tequila... duas tequilas... três tequilas... Caiu!". Agora vou ter que arrastar você até o carro. Vê se não chama o Hugo no banco de couro, heim?

2. O "Amigo" de Cada Mês. Ora, vejam só. Olhem quem decidiu aparecer antes da hora. E justo na noite em que vim de jeans branco. Que prático. Agora tenho de atravessar o bar com a bunda encostada na parede. Parece esconde-esconde.

3. A Câmara de Gás. AimeuDeus, não acredito que fiz isso. Nunca mais vou comer tacos na vida, juro. Ai, saco! De novo! Tenho certeza de que a mulher na cabine ao lado ouviu. Que ótimo. Agora tenho de esperar até ela ir embora. Cacilda, por que ela demora tanto? Ótimo, ela ligou a torneira. Agora vai secar as mãos. Vamos lá, minha senhora, vai embora logo para eu sair daqui sem ter de olhar para a sua cara. Ai, essa não! A bolsinha de maquiagem...

4. O Banheiro de Terceiro Mundo. Nojento! Há um ecossistema se desenvolvendo na privada! Mas as outras cabines estão todas cheias e não consigo mais segurar. Vou fechar os olhos, correr lá para dentro e terminar o mais rápido possível. Ah, que ótimo. Agora tem uma mulher atrás de mim na fila, e ela vai achar que sou responsável. Não fui eu, minha senhora. A privada já estava assim quando cheguei. Por favor, note a expressão de repulsa no meu rosto e perceba que a criminosa não sou eu. Já estava assim antes, juro.

5. Um Tango na Ponta dos Pés. Acabou o papel. Maravilha! Vou ter que saltitar até o papel-toalha com as calça arriadas. É rezar para não entrar ninguém. Pareço um pingüim! Ai, meu Deus, rápido, rápido, rápido!

6. O Campo Minado. Vou me esgueirando por entre bolotas de papel higiênico molhado, absorventes internos, garrafas de cerveja quebradas. Não é possível – será que ninguém limpa isso aqui de vez em quando? Tenho pena da pobre coitada que limpa esse banheiro. Ela vai precisar de uma escavadeira e uma equipe especializada em material radioativo.

7. O Escândalo de Watergate. Que beleza. A descarga automática. Esse troço dá a descarga enquanto estou sentada no vaso. Ai, meu Deus! Lá vai, de novo. Fico completamente imóvel, mas toda vez espirra água na minha bunda. Que nojo!

8. O Pula-Pula. Ai ai ai, lá vem! Tento segurar, segurar, segurar... Mas umas gotinhas estão escapando! Minha senhora, pelo amor de Deus, VAI LOGO. Um pulinho, outro pulinho. Pulinho, pulinho. Ótimo, a mulher saiu. Sorria. Siga em frente. Feche a porta da cabine. Abaixe as calças... Aahh, graças a Deus! Aahhhh... Alívio...

9. O "Merdley". Que nojo. Alguém tentou disfarçar o cheiro de merda com umas borrifadas de perfume. Que mistura. E agora ficou esse cheiro de merda perfumada. Isso é o que chamo de Chanel nº 2.

10. O Tampax Entalado. Por que raios ela não enfiou essa desgraça lá dentro da lixeira? Será que a lixeira está cheia? Ou

será que ela ficou com nojo de enfiar a mão lá dentro e simplesmente depositou o tampax aqui em cima, como um copo sobre uma bandeja? Será que ela não percebe que eu DESTESTO olhar pra essa coisa, mas ainda assim é difícil desviar o olhar – como num acidente de carro? Talvez não seja culpa dela. Talvez ele tenha emergido sozinho. Parece que está dando tchauzinho para mim. Será que ele quer se comunicar?

Trinta e três

"SINTA A GORDURA QUEIMANDO!"

"CONTROLE TUDO!"

"E MAIS OITO! Oito, sete, seis..."

"Vamos lá, gente! É ABDO-FENOMENAL!"

Deus me acuda. A nazista do abdominal me tortura.

Meus dentes estão cerrados, é o Reino do Sofrimento, fico me debatendo no chão de casa feito um golfinho fora d'água.

Mas *sou capaz* de fazer os abdominais. VOU fazer os abdominais. Este é o Ano de Claire.

"EXPIRA! E Pffffff! E Pffffffffff! E..."

E MEEERDA! Acho que estirei um músculo!

Aperto o *pause*, ofegante. Ponho a mão na barriga, fico me contorcendo, olho para o teto.

A campainha toca.

Que ótimo.

Rolo no chão, me levanto, dou um urro, cambaleio até a porta. Os músculos da barriga se contorcem como um saca-rolhas.

Claire St. John: a corcunda.

Seguro a maçaneta, abro lentamente e vejo o entregador alegrinho da FedEx.

"Um belíssimo dia para você!"

Solto um grunhido. "De onde vem essa alegria toda?"

"Minha família é de Wichita", diz ele. "No Kansas."

"Nunca estive lá", respondo, sorrindo. Ele enfia a prancheta na minha mão.

Que surpresa. Outro envelope de Charles.

Rasgo a embalagem.

É um cheque de doze mil dólares.

O cara da FedEx solta um assobio.

"Belo salário", diz.

"Vem comigo", digo, e faço um sinal para ele entrar.

Ficamos os dois diante do quadro, eu e o cara alegrinho de Wichita, Kansas.

"Meu ex-marido quer esse quadro de volta." Digo isso e balanço o cheque no ar. "Todas as minhas amigas acham que pendurei o quadro porque é uma representação clássica de um casamento fracassado. Você está numa posição neutra. Qual é sua opinião, Kansas?"

O entregador olha para mim e diz: "Se você quer saber se prefiro um cheque de doze mil ou o quadro, prefiro o quadro. Dinheiro é para sobreviver. Arte é para *viver*". Ele dá um sorriso e bate com o indicador nas têmporas. "Aposto que você pensou que eu fosse escolher o dinheiro, não é?"

Encaro o entregador. "Você tem mais um envelope de devolução no furgão?"

Trinta e quatro

É HOJE O DIA, MEUS AMIGOS. O dia em que meu pai morreu. Todos os anos faço a mesma coisa. Ligo para minha mãe, falo umas besteiras, finjo que hoje não é o dia. E minha mãe, que Deus a abençoe, finge também.

Tenho uma fotografia dos dois na minha mesa de cabeceira. É uma imagem da juventude. Não olho muito para a foto, apesar de estar bem ao lado da cama. Às vezes a gente se acostuma tanto a uma foto que se esquece de olhar para ela. Ou talvez não esqueça. Talvez a gente simplesmente não se *concentre*.

Mas hoje seguro o porta-retratos nas mãos. Observo com cuidado. Sou um bebê, no colo do meu pai. Ele sorri. Todo orgulhoso. Minha mãe está ao lado dele; o cabelo dela era comprido. Comprido e liso. Ia até as costas. Maravilhoso, lindo de morrer, uma cascata cor de mel. Eu gostava de trançar meus dedos ali. Fazia um monte de nós. Ela levava horas para desembaraçar.

Ele me segura como se fosse me dar de presente. A cabeça dela está inclinada para ele, daquele jeito que ela costumava inclinar a cabeça para ele.

Olho para ela.

E aí entendo.

Aí entendo por que ela me diz o que ela sempre diz hoje em dia – agora que ela usa o cabelo curto, um chanelzinho ao redor do rosto –, sobre por que ela não sai com o vizinho que vive ajudando a cuidar do jardim.

"Para quê, meu anjo? Seu pai foi o único para mim."

Aaron me liga e diz que vai me levar para comer uma "mega-macarronada". Ele sabe que hoje é o dia.

No segundo ano da faculdade, Aaron decidiu "sair do armário" para a família. Por causa disso não foi convidado para passar o Natal com eles. Meu pai ficou sabendo, ligou para ele e disse: "Você vai passar com a gente. E não se fala mais nisso". Aaron chegou lá em casa, e debaixo da árvore havia vários presentes com etiquetas assim: "Para Aaron. De Papai Noel".

Um dos presentes era uma Colher Gigante. E um monte de vale-sorvetes.

No ano seguinte ele ajudou a carregar o caixão. Nunca me esqueço de como ele ergueu a cabeça quando saiu da igreja carregando o caixão. A cabeça erguida, firme.

Aaron passa para me buscar e voamos para o La Traviata.

Chegando lá, ele abre a porta para mim. "Por que você está toda curvada?"

"É aquele vídeo idiota que a Leslie me deu."

"Ah. A nazista dos abdominais. Ela deveria ter alertado sobre aquela jovem."

"Dói até para *respirar*."

"Bem, levante a cabeça, queridinha. Tenho uma surpresinha para você."

Aaron aponta para uma mesa e – ai! – vejo Jake sentado, sorrindo.

"Sorria, Claire. Dê um tchauzinho para ele."

Virei um robô. Sorrio. Dou um tchauzinho.

"Agora você entende por que forcei você a usar esses sapatos ma-ra-vi-lho-sos, e não aquela coisa molambenta."

"Eu mato voc..."

"Pst!"

Jake se levanta e me dá um beijinho. "Oi, sumida."

O que está acontecendo aqui?

"O que está acontecendo aqui?", pergunto. De repente, virei minha mãe.

"Bom, o Aaron ligou e disse que vocês tinham um jantar especial. Entrei no avião e vim direto do aeroporto."

Aaron puxa uma cadeira para mim.

Eu me sento. Sou um robô.

Minutos mais tarde, enrolo espaguete na colher com a maior categoria. Tudo é perfeito, maravilhoso. Aaron e Jake conversam como se fossem amigos de infância. E aí Aaron aponta para meus sapatos e diz: "Dá para acreditar que nossa corcundazinha aqui queria doar esses saltos reptilianos *très chics*? Ela acha que parece sapato de *stripper*."

Jake sorri. "Querida, se você vai usar sapato de *stripper*, é melhor saber dançar."

"Ah, você precisa ver o jeito dela girar a calcinha no dedo, os braços levantados para cima", apita Aaron. "Ela tem essa cara de advogada, mas entre quatro paredes é pimenta pura."

Aaron, meu traidorzinho querido.

"Uma vez, numa festa da faculdade, ela subiu na mesa e começou a gritar: 'ABRA SUAS ASAS! SOLTE SUAS FERAS!' Jake, você precisava ver. Foi um clássico do *strip*."

Esse é o problema dos amigos de faculdade. Eles sabem demais.

Aaron me dá um sorrisinho, parece um felino. "... e ela tinha uma queda incontrolável por ponches batizados. Era conhecida como 'A Rainha das Entornadas'."

"Sério?", diz Jake. Ele fala assim: "Séééé-rio?".

É, meu caro Aaron, a forca pode ser uma opção.

Jake ri. "Vocês são malucos."

A garçonete se aproxima com a conta. Jake diz: "Deixem comigo". Aaron põe a mão em cima da conta e diz: "Não, Jake. Hoje é meu dia de pagar".

Trinta e cinco

O TELEFONE. TOCA. CEDO.

"Guten Morgen!"

"Laura." Minha voz vacila. Está quebradiça.

"Acordei você?"

"Não."

"O que você está fazendo?"

"A declaração do imposto de renda."

"Ah, então acordei você."

Eu me levanto, solto um grunhido, vou até a cozinha.

"Que barulho é esse?", pergunta ela.

"Vou fazer chá", respondo. "Quero me desintoxicar do café."

"Por quê?"

"Tenho tido dores de cabeça. Quando não bebo café."

"*Ja, ja.* Eu também." Ouço os saltos dela passeando pelos azulejos do banheiro. Ela anda de um lado para o outro.

"Não posso falar muito. A Pulga está pegando no meu pé por causa dos telefonemas particulares. *Scheisse*! Não posso nem fazer uma ligação de cinco minutos, ele fica me olhando."

Laura faz silêncio. Escuto barulho de papel celofane. Ela abre um maço de cigarros. Acende um. Dá uma tragada.

Shhh...

"Escuta só. O Alex me disse que ia levar A Ariana para jantar no dia do aniversário dela. Les Autres Femmes, um restaurante francês. Super romântico."

"O nome do restaurante é 'A Outra Mulher'?"

"*Ja, ja.* Bem apropriado, não é? Bom, segui os dois até lá."

"Não!"

"*Ja.* Fiquei olhando pela janela, ele servindo uma taça de vinho. E ela sorrindo. A Ariana sorrindo, Claire. Fiquei morrendo de ódio, porque ela estava maravilhosa. E o jeito que eles se olhavam..."

"AimeuDeus, Laura!"

"Aí fui até a mesa..."

(Laura fala depressa, e tenho pena dela porque o amor pode enlouquecer uma mulher.)

"...e disse: 'ALEX, A FESTA VAI COMEÇAR'. E A Ariana lá, sentada, me fuzilando com um olhar assassino. Aí saquei um presente para ela. 'Seu presente de aniversário', disse, e joguei em cima da mesa."

"O que tinha na caixa?"

"Uma foto minha e do Alex. De quando fomos esquiar. Emoldurada. Ela ficou muda. Olhou para a foto, deu uma de Senhorita Ingênua. Aí ele disse: 'Laura, pára com isso. Que vexame.'"

"Não agüentei. Peguei a taça de vinho e joguei na cara dele! Aí ela começou a gritar, disse que eu estava estragando o aniversário dela, que eu era uma vaca louca, blá, blá, blá. Eu sei que errei, mas não consegui me controlar, Claire. Não sou como você. Não sei como você conseguiu manter a calma com Charles. Se fosse meu marido, eu teria pirado."

Faço silêncio. A água ferve na chaleira, mas não desligo o fogo. Fico me lembrando de quando descobri A Prova. Os e-mails que

Charles escreveu para Ela. Não joguei vinho na cara dele. Não levantei a voz. Fiquei fria. Como uma advogada. Catatônica.

"Quanto tempo?", perguntei.

"Algum tempo", ele respondeu.

"Você está aí? Fala alguma coisa", diz Laura.

"Ele já ligou?"

"Nein."

"Bom, o que *você* pretende fazer, Laura? Até onde *você* quer levar essa história?" (Agora virei a chave para a advogada.)

"Quero que ele fique *longe* dela."

"Ele não está pronto para abrir mão dela."

Laura parou de andar. Não consigo mais ouvir os saltos sapateando pelo chão.

"Laura, esse cara faz coisas que deixam você meio louca. E você não é louca. Você é uma mulher boa, uma mulher apaixonada. Ligue para os dois e peça desculpas. Porque, neste exato momento, você se transformou no inimigo. Tudo o que você fez foi empurrar o cara para os braços dela."

Ela sussurra. "Você tem razão."

Desligo o fogo e tiro a chaleira do fogão.

"Você consegue", digo.

"Ja, ja."

"Seja forte. Diga para ele lavar a cara com ovo."

"*Ja, ja.* Vai lavar a cara com ovo."

Trinta e seis

Faço uma xícara de chá preto e me aboleto na mesa da cozinha. Coitada da Laura. Eu sei que ela vai esquecer esse homem, e um dia vamos rir da história da fotografia e do vinho na cara. Mas não hoje. Hoje a coisa parece patológica. É nisso que as mulheres se transformam quando vêem o homem que amam com outra.

Capítulo Doze
A Outra Mulher

Muito bem, rapazes. Vocês precisam saber de uma coisa importante. Se um cara sai com uma mulher e esbarra com a ex-namorada, ela vai escapulir para o banheiro com as amigas – e juntas elas vão crucificar a mulher que está com você, sem dó nem piedade. A destruição irá da cabeça aos pés, e será mais ou menos assim:

"Gente, vocês viram a menina que está com o Scott? Ai. Meu. Deus. Que fim de feira, heim? E aquele cabelo? Uma tintura de fundo de quintal. Que horror! Parece que ele achou essa mulher num catálogo de noivas russas."

"E as roupas? Pelo amor de Deus, se liga. Ela se acha *A Garota de Rosa-Shocking*. A Molly Ringwald."

"Aonde ela quer chegar com aquele vestido tipo baby-doll? E os diamantes falsos? Está na cara que ela comprou tudo no Shop Tour."

Encosto na cadeira. Tomo um gole de chá. Penso na Laura.

Quando ela falava sobre Alex, falava com brilho. Cheia de alegria. Por que as coisas desmoronaram? Por que os relacionamentos passam da luz às trevas?

Penso em Jake. Sem dúvida nosso relacionamento está na fase da "luz". Por enquanto a briga mais séria que tivemos foi sobre qual filme alugar – um do Jackie Chan ou um do Pedro Almodóvar. (P.S. Eu queria alugar Jackie. Jake queria o filme cabeça espanhol para mulherzinhas.)

Ele viajou para a Califórnia antes de mim e mandou um buquê de tulipas. Elas estão se abrindo, num vaso em cima na mesa. No cartão que veio junto com o embrulho estava escrito: "Claire, adoro seus sapatos".

É isso aí. Jake mandou flores.

E tudo é só luz, luz, luz...

Trinta e sete

CALIFÓRNIA, AQUI VOU EU!

Danço pela casa como uma cortesã. Balanço os braços, canto, finjo que sou uma dessas cantoras adolescentes.

Dou uma corridinha, salto e caio de barriga em cima da cama. Pego o telefone e disco os números, a cabeça balançando de um lado para o outro.

O telefone toca um milhão de vezes até Aaron finalmente decidir atender.

"Vou para São Fran. O que levar na mala?"

"Em primeiro lugar, não diga 'São Fran'."

"Por quê?"

"Porque isso é coisa de turista."

"Mas eu sou turista."

"Mas é melhor você não ter *cara* de turista. Lembre-se, Claire: o que importa são as Aparências. Mas então. O que levar, o que levar. Bom, antes de mais nada, os sapatos de jacaré não vão. Impossível subir aquelas pirambeiras usando salto alto."

"Eu achei que precisasse ganhar altitude."

"Altura não justifica quebrar uma costela", diz Aaron. "Que tal seu departamento de sapatos baixos?"

Abro a porta do armário. "Só tem tênis."

"Prada?"

"Nike."

"Você pretende combinar esse tênis com um carrinho de bebê e uma simpática pochete?"

"Aaron, pelo amor de Deus! Vem para cá me ajudar. Por favooooor", choramingo.

"Preciso mudar meu cáctus de vaso."

"Por favooooor, Bonitinho..."

"Está bem, mas exijo ser alimentado."

Examino a geladeira. Uma barra de manteiga amarelada. Leite. Talvez algumas sobras do Taco Shack.

"Comida chinesa?"

"Já comi ontem, queridinha."

"Mexicana?"

"Não, eu quis dizer que comi um *cara chinês* ontem."

"George, você é engraçado demais." Posso ouvi-lo rindo do outro lado da linha.

"Vejo você em vinte minutos, queridinha."

Aaron vem entrando e bota o CD do Buena Vista Social Club para tocar. Devoramos porco agridoce em cima da cama, como se ainda fôssemos estudantes universitários. Aaron segura os cabides, franze a testa concentrado e diz coisas como: "Essa saia azul tem um tom de preto, olha só".

Não consigo perceber nada, mas concordo e digo coisas inteligentes como "é mesmo" e "ãn-ran".

Fazemos a mala, comemos e brincamos como duas crianças fingindo que são adultas.

Ele tira um vestido preto do armário, um vestidinho preto que comprei logo depois de assinar os papéis do divórcio, quando eu achava que a Vida realmente tinha de continuar.

"Isso aqui é sexy, sexy, sexy", diz ele. "Esse aqui com certeza vai."

De repente, lembro da minha mãe: *"Por que um homem vai querer comprar uma fazenda se ele consegue leite de graça, meu anjo?"*.

Talvez Jake prefira menos carne e mais sutileza. Principalmente porque vai me apresentar para seus colegas de trabalho.

"Qual é o problema?" Aaron se vira, e tem uma expressão pedante no rosto.

"Esse vestido *mostra* demais." Pego uma saia na altura dos joelhos e dobro dentro da mala. Aaron espia a saia, o nariz franzido de nojo – parece que viu um cachorro morto na beira da estrada.

"Você me choca, querida. Você é uma contradição sem tamanho. Como os peitos da Janet Jackson."

"O quê?"

"Você tem dois lados. De um lado está o peito ousado, aquele que diz 'Olá, Terra, eis-me aqui, olhem para mim'. Do outro, está o peito tímido, tipo Cinderela, 'eu cubro a boca com as mãos, sou tãão envergonhada'. Claire, você quer ser o seio direito ou o seio esquerdo? Você precisa decidir. Você vai ser ou o seio que chama atenção ou o seio que ninguém vê."

"Vamos fingir que você não me perguntou isso."

"Faça o que achar melhor, querida. Vista-se como uma freira."

Aaron dá um suspiro, levanta os ombros e abre as mãos para o alto, como se tivesse feito todo o possível.

Ele pega um rolinho primavera e joga no prato. "É hora de Joan e Melissa!" Dá um pulo e corre para a frente da TV.

Aaron é fã inveterado de Joan Rivers. "Ela é uma alienígena que veio para a Terra para fazer os gays rirem", diz ele. Ele chama

Joan Rivers de "gay-lienígena", e Melissa Rivers de "filhote de gay-lienígena".

Escuto Aaron palpitar lá da sala: "Não se esqueça do lenço para cobrir a cabeça, queridinha. É melhor você não deixar nenhum centímetro do corpo à mostra".

Corro até a sala e paro na frente da televisão, mãos na cintura, tampando a visão de Aaron.

Aaron balança os braços desesperado.

"Pobre Joan", diz ele. "Lá está ela no tapete vermelho. E as atrizes dizem sempre a mesma coisa, que chatice: 'meu vestido é John Galliano; a gargantilha de diamantes é da Cartier. Blá, blá, blá'."

"Acho que a Joan deveria dar uma apimentada nesse programa. Talvez fazer um programa sobre as cirurgias plásticas das celebridades", diz Aaron. Ele abre os braços. "Imagina, Claire. Ela poderia abordar alguém no tapete vermelho e dizer: 'e aí? Quem fez seus retoques?'"

Pisco os olhos, numa tentativa de fazer a melhor imitação possível de uma atriz arrogante. "Bem, Joan. Hoje estou usando um nariz feito pelo dr. Rosenstein, e os seios são do dr. Carter."

Aaron finge que segura um microfone. Ele passa o microfone de um lado para o outro. "E o seu botox?"

"As injeções de Botox são da Carolina Herrera", respondo.

Aaron ri e me cutuca com o cotovelo.

"Por falar em ricos e famosos, a quantas anda seu portfólio?", pergunto.

Aaron deita no sofá, a cabeça apoiada nas mãos. "Vai de vento em popa, queridinha. Tive uma nova idéia de negócios."

"Que ótimo! Conta, conta!"

"Chapéus. Vou fazer chapéus. Fulgurantes, glamourosos, chapéus à La Holly Golightly, resgatados no meio das velharias das lojas de roupas de segunda mão."

"Alguém usa chapéu hoje em dia?"

"Todos vão querer usar A Diana", diz Aaron. "Espere um minutinho..."

Ele vai até o carro e volta com uma caixa. Minha expectativa é ver um chapéu digno de ser inscrito num concurso de fantasias de carnaval.

"Que rufem os tambores, por favor." Ele abre a caixa com um floreio. "Claire St. John, esta é A Diana."

Espio o conteúdo da caixa. E lá está... Um chapéu maravilhoso.

"Deslumbrante", murmuro.

Ele tira o chapéu da caixa e coroa minha cabeça.

Orgulhoso, Aaron diz: "O primeiro protótipo é seu".

Trinta e oito

Estou com Jake. Em São Francisco. E o Ano de Claire pode estar prestes a explodir, com uma Notícia Extraordinária. Sabe aquela barrinha que fica embaixo da tela da CNN, surpreendendo o telespectador com informações quentinhas e inesperadas: *"Tubarões atacam vinte e sete pessoas na Flórida... Explosões no Iraque... Tom Cruise festeja seus 44 anos..."*.

Bom, eu sou a barrinha!

"Claire St. John volta para casa... livra-se da persona amarga da mulher divorciada... dá início a uma nova carreira... conhece um homem... faz sexo com ele em um quarto de hotel com vista para a Baía!"

Viu só?

Difícil mudar de canal, não é?

Sentados no restaurante italiano Tuscany, Jake, eu e os colegas dele, Tesse e Dan, comemos as lulas fritas mais engordativas que existem no planeta.

Tesse é separada, mãe solteira. Dan tem uma aliança, suponho que seja um pai de família. Assim como Jake, eles trabalham com comida orgânica.

"Comida é a minha vida", diz Tesse, e coloca uma lula na boca. "Sou fanática por comida."

Adorei esse pessoal, porque eles amam comer.

Abrimos a terceira garrafa de Chianti. Na mesa, o clima é de festa, de alegria, de pileque inocente. Tesse e Dan conhecem o dono do restaurante. Ele se chama Julio Tempesta e cobre nossa mesa de atenções e aperitivos gratuitos. Nossa mesa está a toda. É uma festa. O centro do universo.

Julio é baixinho, um homem de meia-idade, está ficando careca. Veste um terno vibrante de risca de giz e usa correntes douradas. Sua personalidade lembra um caminhão do corpo de bombeiros – vermelho, barulhento, correndo de um lado para o outro. Quando vem até nossa mesa, sempre toca nos meus seios. Tira uma casquinha cada vez que passa por aqui, e Jake nem percebe. Não me incomodo, porque Julio é italiano. É literalmente como se ele tivesse acabado de descer do navio. Acho que essas mãos ávidas são um choque cultural.

Tesse se aproxima de mim. "O Julio gosta de você, mas não se ofenda."

Dou de ombros. "Italianos."

Por enquanto, gostei de Tesse. Tenho a sensação de que ela passou por momentos difíceis. O cabelo dela tem tanto laquê que parece um capacete, e ela esticou a franja lá para cima. Está de blazer bufante, com ombreiras, e usa muita maquiagem. Quando ela sorri, a maquiagem nos cantos do seu rosto racha. Parece que ninguém a avisou de que os anos 1980 já acabaram. Ela fala alto, faz barulho, mas tem quarenta e seis anos e não está nem aí. Parece uma *drag queen* – só que é mulher.

Dan é um cara tranqüilo, tem um cabelo grisalho bem arrumado. Tesse me contou que ele começou a trabalhar nesse ramo nos anos 1960, empacotando compras numa lojinha em Berkeley. Agora, é um dos principais profissionais da área no país.

"Ele nem fez faculdade", explica ela, toda prosa. Seu tom, os olhos brilhando de orgulho com essa história de quem começou do nada, sugere que ela e Dan são mais do que colegas de trabalho.

O restaurante está enchendo. Tesse e eu nos esgueiramos até o balcão, para beber grapa com Julio Tempesta. Ele se espreme entre nós duas, flerta e sorri como se estivéssemos num *ménage à trois*. Julio chega bem perto de mim e diz que meus olhos são lindos. Tesse ri: "E eu? Tenho cara de bife de fígado moído?". Julio responde: "Não vou elogiar a companheira de Dan".

Faço cara de suspeita.

"É uma longa história", diz Tesse.

Duvido, Tesse. Aposto que é uma história bem curta.

"Vamos tomar uns drinques do Hotel W", diz Julio. "Pode deixar o Garoto-Orgânico aqui." Ele aponta para Jake. Jake ficou na mesa, conversando com Dan. Ele olha para nós, me vê com Julio e ergue a taça.

"Saúde", grita.

Meu Deus do céu, ele não percebe nada. Se eu estivesse conversando com George Clooney, ele iria erguer a taça e dizer "Saúde!" como se não tivesse nada a ver com isso. O que é meio irritante – seria bom se Jake percebesse que as pessoas me percebem. Entende?

Julio estica o braço para pegar um guardanapo e encosta no meu seio. "Ele é jovem demais *per te*. Mulher precisa de homem mais velho. Mais experiente."

"Feito você?" Entro na brincadeira.

"Exato." Ele dá um sorriso.

Julio gesticula muito enquanto fala. Sei que é só uma questão de tempo antes que ele acerte meu olho com seu cigarro. Pelo menos a fumaça se sobrepõe à onda de água de colônia que ele exala. Qual é o problema desses italianos? Eles bebem perfume?

"Se você quiser, podemos ir pro quarto no hotel. Ninguém vai saber que você foi, e você volta uma mulher satisfeita."

"Você é demais para mim, Julio. Juro." Levanto e caminho até a mesa.

"Julio nos convidou para ir ao Hotel W", anuncio.

Dan e Tess trocam olhares.

"Que... ótimo", diz Dan.

Está na cara que Dan e Tesse estão dormindo juntos no Hotel W. Nós cinco saímos do restaurante e cambaleamos pela rua fria e escura. Julio Tempesta comanda a gangue. Tesse e eu caminhamos a seu lado. Jake e Dan seguem atrás e falam de negócios.

Julio cochicha alguma coisa no ouvido de Tesse. Ela joga seu cabeção para trás e cai na gargalhada.

"Pára com isso." Ela dá um tapinha no braço de Julio. "Ela veio com o Jake."

"Julio quer levar você para a Toscana", entrega Tesse.

"Você precisa conhecer minhas oliveiras", diz Julio.

"Eu adoraria conhecer suas oliveiras, Julio."

"Minha família cuida de oliveiras há muitos anos."

Jake grita lá de trás: "Vocês estão se divertindo demais aí, heim?".

Humm. Talvez ele esteja percebendo.

Entramos no bar do Hotel W. É barulhento e escuro, cheio de gente bebendo martíni. Gente descolada. O tipo que tenta fazer cara de tédio, de que não se impressiona com nada. A maioria das pessoas está sentada em sofás modernosos.

Julio Tempesta faz um sinal para o barman e pede Sambuca para todo mundo.

Sinto o braço de Jake passando pela minha cintura.

"Você está se divertindo?" Ele fala bem pertinho do meu ouvido.

"Estou. Obrigada por me convidar", respondo. Tento manter a tranqüilidade.

Ele se inclina e me dá um beijo carinhoso.

"Eu estava com vontade de fazer isso há um tempão", diz ele.

Êpa. Agora vai, penso. Esta noite, Jake e eu vamos dormir juntos pela primeira vez. Estamos numa cidade diferente, dividindo um quarto de hotel que tem uma cama king-size e lençóis branquinhos.

Olho para Jake, e ele olha para mim. Nós dois sabemos – hoje VAI rolar.

Ele sussurra no meu ouvido. "Quando a gente acabar esse drinque, vamos embora."

Dou um sorriso sexy. Até a calcinha é a certa. Vermelha, novinha. Aaron tinha razão. Sou uma safadinha apimentada.

Tesse cambaleia e estraga o clima. "Vão para o quarto!", grita, e dá mais uma gargalhada.

Ela desarruma meu cabelo. "Jake, adorei essa menina!"

"Então somos dois", diz ele.

Nossa, de uma hora para outra me transformei numa Deusa Grega. Virei Afrodite, Vênus e Julia Roberts. Só que meço um metro e sessenta.

Tesse me pega pelo cotovelo, suas unhas parecem ganchos. "As damas precisam ir ao reservado", diz ela.

"Não demorem", diz Jake. Ele me olha de um jeito maroto.

"Minha Nossa Senhora. Ele está caidinho por você", diz Tesse. Ela me arrasta pelo bar, até o elevador. "Vamos ao banheiro do meu quarto, é mais rápido."

Na subida, percebo que o vestido dela está amassado e que ela tem uma mancha de batom nos dentes.

"Faz assim." Passo o dedo nos dentes da frente.

"O quê? Tem batom?", ela esfrega os dentes com força. "Saiu?", pergunta ela, e mostra os dentes.

"Saiu. Está ótimo."

Tesse solta um suspiro. Dá para perceber que ela passou por momentos difíceis. Mãe solteira, com uma filha de vinte e sete anos. Fazendo as contas, Tesse ficou grávida aos dezoito anos. Ela não falou sobre o pai da menina, suponho que tenha vivido décadas de relacionamentos complicados. Ela tem aquela cara de quem está na estrada há muito tempo, de quem viu coisas piores do que gostaria de ter visto.

Tenho pena dela.

Chegamos ao quarto de Tesse. Roupas masculinas estão espalhadas pela cama, e há uma *nécessaire* masculina em cima da pia. Não é preciso ser um gênio da ciência para saber que as coisas são de Dan.

Tesse diz: "Olha, Claire. Eu queria esclarecer as coisas, para você não ficar com uma imagem errada nem de mim e nem de Dan".

"Eu não tenho nada a ver com isso, Tesse."

"Eu sei. Mas vamos nos ver nos próximos dias, e não quero constrangimentos."

Ela vai até o espelho do banheiro e olha os dentes mais uma vez. Não sei o que dizer. Abro a bolsa e procuro um batom.

Tesse respira fundo, mas não solta o ar. Percebo que lá vem bomba.

"A mulher de Dan, Karen, tem câncer terminal. A pobrezinha vive entrando e saindo do hospital. Eles têm filhos. De nove e doze anos. É muito difícil. Karen está nas últimas. Tem menos de um ano de vida. E ele fica com ela. Dan é um santo."

"Meu Deus. Que horror. O rosto dele não entrega nada."

"Ele é assim. Prefere guardar tudo para si."

De repente, Tesse me agarra pelos ombros. É um momento estranho, dramático, não sei muito bem o que fazer. Fico parada.

"Estamos apaixonados", confessa ela, e sua voz traz o peso do mundo. O rímel preto começa a escorrer dos cílios. Essa não. Se ela começar a choradeira, vai ficar parecendo um guaxinim.

(O Banheiro Feminino é o palco perfeito para uma cena assim, juro. Se Andrew Lloyd Weber tivesse botado os pés num banheiro feminino alguma vez na vida, não teríamos que agüentar duas décadas de *Cats*.)

"Ele fez uma surpresa no meu aniversário, no mês passado. Karen estava internada, e ele conseguiu escapar durante uma hora. Foi até a minha casa – ele tem a chave. Espalhou pétalas de rosa ao lado da banheira, ele sabe que adoro relaxar na banheira. Quando cheguei do trabalho e encontrei aquelas velas, as pétalas, aquele banho de espuma à minha espera... Foi a coisa mais legal que já fizeram por mim."

As mãos de Tesse quase gangrenam meus braços, mas aí ela relaxa e solta os braços. Os ombros dela balançam com os soluços, e percebo que já já ela vai ficar a cara do Boy George.

Escuto minha voz dizer: "Calma, calma. Vai ficar tudo bem".

E aí faço algo estranho. Algo que minha mãe faria. Dou um abraço em Tesse.

"Que bom que Dan tem você por perto, Tesse."

"A sorte é minha", diz ela, engasgada.

De repente, tenho uma idéia. "Tesse, você tem umas velas?"

Ela me olha, confusa.

Aponto para a banheira.

"Aposto que o serviço de quarto pode trazer velas, pétalas de rosa, champanhe... quem sabe até umas trufas de chocolate?"

Tesse dá um grito e encaixa novamente suas garras nos meus ombros. "Meu Deus! Você acha que eu consigo?"

"Claro."

Ligamos para o serviço de quarto e damos os toques finais. Champanhe no gelo, velas de baunilha acesas, a banheira cheia.

Digo "até logo e divirta-se" para Tesse. Ela dá uma daquelas gargalhadas e me abraça. Tesse é minha nova irmã de armas.

No elevador, olho para o relógio. Merda, quarenta minutos! Fiquei lá em cima tempo demais.

Ansiosa, atravesso o bar do Hotel W. Procuro pelos homens. Não estão no balcão. Não estão nas mesas. Ai meu Deus. Estão nos sofás do *lounge* – e não estão sozinhos.

Jake, Dan e Julio Tempesta estão espremidos entre três mulheres. E elas não fazem o tipo genérico, o tipo que sai do banheiro com papel higiênico preso no salto. Elas são esbeltas, super seguras, com cara de quem acabou de descer da passarela. São morenas, têm cabelos compridos e aparência exótica. Todas fumam, parecem pin-ups de calendário.

Sou tomada por um ódio súbito a Julio Tempesta. Sei que ele é o responsável por essa pequena orgia.

Jake ri, gargalha, diverte-se à beça. A mulher ao lado dele é um dos seres mais belos da história da humanidade. Só de olhar para suas pernas cruzadas, cobertas por meias pretas, dá para ver que ela mede um metro e setenta e cinco. Talvez até um metro e oitenta.

Ela se inclina em direção a Jake (está à vontade!) e pega um cigarro. Observo enquanto ela coloca o cigarro entre dois lábios maquiados com perfeição. Jake se aproxima e acende o cigarro dela. Quase desmaio.

"Mantenha a calma, Claire." Falo sozinha, como uma maluca. Parece que meu coração vai saltar do peito.

Olho para minha saia careta, na altura dos joelhos, e para meus sapatos baixos. Que ótimo. Agora tenho que chegar perto de Jake, do alto do meu metro e sessenta, e agir como uma pin-up também.

Tenho uma vontade súbita de fugir. Para algum lugar. Qualquer lugar.

Paris?

Espere um minutinho. Quem ela pensa que é? Essa mulherzinha? Tudo bem, ela pode até medir um metro e oitenta e ser *perfeita*, mas eu...

Este é o Ano de Claire.

Posso enfrentar o adversário.

Marcho até o grupo, mas não percebo o garçom vindo com uma bandeja de martínis. Ele se choca comigo, parece o Apocalipse, e o barulho é ensurdecedor. Explosivo. Caio de bunda. O garçom também escorrega; a bandeja despenca no chão. Vidro para todo lado. Fico esborrachada no chão, coberta de vodca dos pés à cabeça. Perdi um sapato. O outro se enganchou no meu cabelo.

Por um momento, silêncio!

Julio Tempesta é o primeiro a cair na gargalhada.

Pelo amor de Deus, volte para a sua terra natal.

O garçom se levanta. "Por favor, me desculpe. Não vi a senhora." (Não é culpa dele. Eu estava de sapato baixo.)

"Tudo bem. Adoro uma ducha-surpresa", gaguejo. Tento calçar os sapatos e me levantar, mas o chão está tão molhado que o máximo que consigo é fazer uma imitação de foca. Nesse momento, sinto alguém parado à minha frente, me pegando pelos braços, me puxando para cima.

"Tudo bem?", pergunta Jake.

Sei que minhas bochechas estão vermelhas porque sinto calor no rosto.

"Você está sangrando", diz ele.

Sangue. Que sexy.

Jake se abaixa para olhar.

"Um pequeno acidente superficial", digo, fazendo um ar pomposo.

Jake sorri. "Você é minha guerreira."

As modelos de passarela me desconcentram. Elas me observam minuciosamente. Como gatos armando o bote.

Levanto os ombros e ergo a cabeça.

"Tem um estilhaço aqui. Talvez tenhamos que operar", diz Jake. Ele estuda meu joelho, tira um caco de vidro e joga para longe. "Ainda bem que estudei medicina."

"Você o quê?"

"Fiz um ano. E desisti."

"Você nunca me contou."

"Sou um mistério, Claire."

Imagino o dr. Armstrong de jaleco branco, e realmente não deve haver nada mais sexy. Dr. Jake Armstrong. Dr. Jake e Sra. Claire Armstrong. Nossa, colega, que viagem.

Jake se levanta. "Venha comigo." Ele me leva pela mão. "Preciso da minha mesa cirúrgica – ficou lá no hotel." Ele me tira do bar e entramos num táxi.

E nos beijamos. Meu Deus, estou beijando dr. Jake Armstrong no banco de trás de um táxi. Sinto seu corpo firme encostar no meu, e nos abraçamos como dois amantes numa pintura de Klimt.

O motorista vira para a esquerda, passa por Cow Hollow e entra em Embarcadero. Ele acelera – não é preciso ser um gênio da ciência para perceber que temos pressa. Jake coloca uma mão sobre meu joelho ferido, e com a outra me puxa para perto. Ele não hesita – me abraça com força.

Vamos nos beijando pelo *lobby*, pelo elevador. Na porta do quarto 419, ele pega a chave no bolso, passa pelo leitor e... nada.

"Tecnologia moderna", resmunga.

Ele passa o cartão mais uma vez, bem rápido e com força. A luz vermelha acende.

"Será que está de cabeça para baixo?", pergunto.

Ele tenta mais uma vez.

Nada.

"Tenta você", diz ele.

Pego a chave, o coração palpitando como se eu estivesse numa competição de TV. *Vamos lá, verdinho. Por favor, verdinho, verdinho!*

Passo a chave devagar pelo leitor.

Bingo!

Dr. Jake me pega no colo e me carrega pelo quarto. Ele me joga na cama e sobe em cima de mim. Respira com força, está ofegante e cheira a cigarro.

"Feche os olhos, Claire", diz baixinho. "Não vai doer nada."

Trinta e nove

Podem me apunhalar, senhoras. Sou um caso perdido.

Não consigo parar de pensar no dr. Armstrong. Na maneira como ele *cuidou* de mim. Minha Nossa Senhora.

De volta a Austin, vou à lavanderia. Minhas roupas giram na secadora. Olho para elas, não para o laptop.

Só penso em fazer amor com Jake. Tenho certeza de que "fizemos amor", e não "sexo", porque depois ele sussurrou: "Estou me apaixonando por você, Claire".

Respondi: "Eu também, doutor".

Portanto, é oficial. Estamos apaixonados. Podem mandar o troféu.

Capítulo Treze
Amor na Casinha

Sexo no Banheiro. É como Sexo Virtual: se não existisse, não teriam inventado um nome para descrever.

Se os senhores pretendem fazer sexo no banheiro conosco, aqui vão algumas regras que devem ser seguidas...

1. Não fazemos sexo no banheiro masculino. Mas podemos considerar a idéia de fazer sexo no banheiro feminino. Nem pensem em nos arrastar para aquela pocilga de urina, senhores. Precisamos de uma cabine com uma porta que feche, precisamos da aparência de limpeza. Tudo bem, podemos até ser as mulheres mais bagaceiras do mundo, mas ainda assim temos limites.

2. Sejam rápidos, senhores. Este não é o momento de mostrar suas habilidades. De mostrar que conseguem segurar as pontas. Não, por favor. Guardem esse tipo de exibição para o quarto. É por isso que essa situação é conhecida como uma rapidinha. No banheiro, queremos que as coisas sejam rápidas e gostosas. (Como quando pedimos pizza pelo telefone.)

3. Não percam tempo com preliminares ou tirando a roupa. O esquema é o seguinte: calcinha nas canelas, a saia por cima da cabeça, tudo sem tirar o sapato, vapt-vupt e assunto encerrado – muito obrigada. Tudo bem se a coisa acontecer contra a parede da cabine, mas, por favor, tenham cuidado. Não gostamos de arranhões.

4. Não existe a menor chance de sairmos do banheiro junto com vocês, ok? Vocês saem antes. Para ver se tem alguém lá fora. Vocês são homens, virem-se. Saiam primeiro. Aí vocês avisam quando a mulher puder sair. O plano é esse. Vamos Seguir o planejado, senhores. Acabamos de oferecer uma sessão molhadinha, ao lado de rolos de papel higiênico. Portanto, agradecemos um mínimo de respeito.
   Não usem a máquina de camisinhas do banheiro. Em primeiro lugar, está quebrada. Nem todas as pancadas do mundo

vão fazer uma camisinha cair lá de dentro. Em segundo lugar, se alguém entrar no banheiro vocês têm de se fingir de mortos. Ficar completamente quietos. Parar de respirar. Controlar os nervos. Não sejam crianções.

Quarenta

Leslie anunciou o "Ano de Leslie". E eu, naturalmente, aproveito o entusiasmado e dinâmico Ano de Claire, repleto de confetes e serpentinas.

Decidimos fazer um "almoço comemorativo".

"Vamos a um restaurante de mulherzinha", diz Leslie. "Não quero nem olhar para a cara de um homem enquanto estiver comendo."

"Por quê?"

"Fechei para balanço."

Leslie e eu decidimos ir ao Chez Zee. Um café colorido que atrai "mulheres que gostam de almoçar". Usamos vestidos leves, portanto vamos nos encaixar nessa turma. (Garçom! *Clap, clap*. Uma rodada de Gin Fizz, por favor!)

Minha amiga vegetariana espeta a salada de espinafre com aquele jeitinho de "mulher que gosta de almoçar". Enquanto isso, caio de boca num x-buguer com bacon e champignon – o prato mais barato do cardápio.

"Meu dinheiro está acabando."

Leslie descansa o garfo. "E o que você pretende fazer?"

"Vender a Alemã."

"Não."

"Sim."

"E o que você vai dirigir?"

"Uma Vespa."

Leslie morde os lábios. "Bom, Claire. Faça o que achar melhor. Principalmente porque você *não trabalha*."

Leslie apóia o queixo nas mãos, como se fosse uma terapeuta. "Nunca minto para você, não é?"

Tenho vontade de gritar, chutar, protestar. Mas me contento em abocanhar o x-burguer. "Manda bala", digo, a boca cheia de comida.

"Você precisa enxergar os sinais", diz Leslie.

Engulo. Ou melhor, engasgo.

"Você já pensou em retomar a advocacia? Caso essa história de escrever não dê certo?"

"Não é uma *história*, é uma carreira!"

"Mas parece tão... *vago*."

"Vamos mudar de assunto." Meu coração palpita como tambores africanos.

"Desculpe."

"Não peça desculpas, Les. Provavelmente você tem razão. Mas não quero desistir antes de *tentar* para valer."

Ela limpa a boca com o guardanapo. "Bom. Michael está na maior paixão com a Jennifer."

"O Rei da Embromação ataca novamente."

"Pois é. Eu deveria ter sacado tudo quando o vi perseguindo a bicicleta dela, e quando me vi perseguindo a bicicleta dele." Ela suspira, tira o cabelo dos olhos. "E outro dia Colby me ligou. Do nada. Foi pego na semana passada. A polícia encontrou umas coisas para refinar droga no carro dele." Ela bebe um gole de chá.

"Bom, agora que o Colby virou ex, você precisa arrumar um apelido para ele", digo.

(Leslie tem mania de apelidar os ex-namorados. Por enquanto, ela passou pelo Ted Entediado, pelo Pete Pão-Duro, pelo Abominável Homem das Neves e pela Topeira.)

"Chegou a hora de Colby se juntar a seus companheiros de babaquice. Alguma sugestão?", pergunto.

"Bom, ele tinha pinto pequeno."

"Piu-Piu?", sugiro.

"Óbvio demais."

"Zero Cal?"

"Não tem nada a ver com cafezinho, Claire!" Ela bate na mesa. "Tem a ver com drogas."

"O Cavaleiro do Pó?"

Leslie ri. "Que tal Kid Cocaína – uma coisa velho oeste, sabe?"

"Perfeito!" Batemos palminhas dentro de nossos vestidos.

Leslie faz um grunhido e empurra o prato. Parece que minha amiga ficou lotada até a tampa por causa de umas garfadas de espinafre e queijo feta.

Enfio uma batata frita na boca e brinco com outra no prato. Uma pintura de ketchup no estilo Jackson Pollock.

"Jake me convidou para passar o fim de semana em Beaumont", digo, entre uma mordida e outra. "Quer me apresentar aos pais."

Leslie cruza os braços. "Bom, você precisa de um trato."

"Por quê?"

"Claire, nem sei por onde começar. Em primeiro lugar, você deveria pensar em colocar silicone. As mulheres de Beaumont acreditam nessa conversa mole sobre a imagem da beleza feminina estabelecida pelos homens."

"Bem-vinda, Simone de Beauvoir! Eu não tinha percebido que você estava na mesa."

Leslie procura a bolsa embaixo da mesa. "Para falar a verdade, eu estava mesmo querendo contar que entrei para um grupo. Chama-se Garotas no Poder. Olha só." Ela me mostra um folheto.

Na capa, a foto de um tigre rugindo. O tigre diz: "GaRRRRRo-tas NO PODER!".

Abro o envelope e leio em voz alta...

"Mulheres do mundo, uni-vos! Os homens não são a solução. Não trazem felicidade eterna. Não dependam deles, emocional ou financeiramente. Lembrem-se! Eles são úteis por suas sementes, e nada mais. Portanto imponham sua força! Sintam o poder! Assumam o controle! Juntem-se a suas irmãs. E tornem-se os novos homens."

Solto o folheto; ele vai caindo até chegar à mesa.

"Isso aqui incita o ódio contra os homens."

Leslie comemora. "Eu sei. É demais! É um novo capítulo na história de Austin, e eu vou participar!"

"Onde fica a sede?"

"Em Boulder, no Colorado."

"Nossa! Existem lésbicas nas Montanhas Rochosas. Que surpresa!"

"Não desdenhe antes de provar, Claire."

"Não vou me juntar a um grupo que odeia homens, Les. Para sua informação, estou apaixonada por um deles."

Leslie engasga e bate com as duas mãos na mesa.

"Claire, é cedo demais! Isso não é amor, amoooor. É só um amorzinho."

"Escuta só o que o Jake fez outro dia de manhã", digo.

Leslie tampa os ouvidos. "Não estou ouvindo nada... Não estou ouvindo nada..."

"É sério, escuta. A gente estava vendo um filme do James Bond à noite – aquele em que a Halle Berry se atira de um penhasco usando biquíni. Aí fomos para a cama..."

"Ele dorme na sua casa?"

Encaro Leslie, meus olhos brilham. Ela faz um sinal de impaciência com as mãos. "Deixa para lá."

"Bom. No dia seguinte ele acordou e disse que tinha sonhado com a Halle Berry. No sonho, ela queria ir para a cama com ele. Mas ele disse que não poderia, porque está namorando comigo. Não é o máximo! Ele se recusou a fazer sexo com a Halle Berry!"

Leslie balança a cabeça. "Você precisa de ajuda. Precisa mesmo."

Dou um sorriso e traço mais uma batata frita.

Quarenta e um

Capítulo Catorze
Os Banheiros da Igualdade

Sabemos o que os senhores desejam, meus caros. Vocês querem a esposa grávida e descalça. A secretária sorridente. A mulher com uniforme de chefe de torcida. Querem todas as mulheres à sua disposição...

Querem que sejamos sexy, mas não vulgares. Bem cuidadas, mas não perdulárias. Querem que saibamos cozinhar e lavar, mas sem perder a malícia entre quatro paredes. Querem que estejamos sempre prontas para aplaudir vocês, sem nunca questionar nada.

E usam mil artifícios para manter o controle.

Inclusive o Banheiro Feminino...

1. Empregos. Durante a Revolução Industrial, o Banheiro Feminino era uma espécie de moeda que justificava a não-adesão à luta por direitos iguais. Os senhores usavam a ausência de toaletes femininos como desculpa para não contratar mulheres para as fábricas ou para outros postos de trabalho.

"Desculpem, senhoras. Adoraríamos tê-las na linha de montagem, mas não temos um banheiro com um *F* na porta. Se quiserem trabalhar aqui é melhor procurar a moita ou árvore mais próxima."

2. Esportes. O número de equipes femininas no Ensino Médio e nas universidades americanas cresceu 66% entre 1981 e 1999. Infelizmente, enquanto as equipes masculinas tinham vestiários com armários e chuveiros, as mulheres não tinham nadica, nada, zero.
   "O jogo foi ótimo, meninas! Parabéns! Aqui está um lenço umedecido. Podem se limpar e voltar para as tarefas domésticas!"
   Ouçam bem, senhores! Se a NASA é capaz de mandar um veículo não-tripulado até o lado escuro de Marte, a escola do bairro é capaz de construir um vestiário para a equipe de hóquei feminino. Ah, vão bater uma massa de bolo, pelo amor de Deus!

3. Mulheres no Exército. Vocês não querem lutar conosco, não é, rapazes? Não querem se arrastar pelas trincheiras ao nosso lado – mesmo que, ao longo da História, as mulheres tenham provado ser guerreiras corajosas e instintivas. Vocês mostram o banheiro e dizem...
   "Sinto muito, Recruta Benjamin, mas haveria um colapso na disciplina militar caso homens e mulheres dividissem o mesmo banheiro. Homens não conseguem lidar com todos aqueles traseiros alaranjados se espremendo no reservado. Não vão se concentrar no treinamento. Vai ser faça amor e não faça guerra, e nosso orçamento não pode arcar com isso."

4. Espectadores de Eventos Esportivos. Para vocês, seria melhor se ficássemos quietas durante o jogo, não é, rapazes? Nós, mulheres, sempre nos perguntamos por que a fila do banheiro feminino nos estádios dá a volta na arquibancada enquanto vocês, homens, entram e saem do mictório na maior rapidez. Bem, finalmente temos a resposta. Um grupo de advogados da cidade de Tulane estudou o assunto e descobriu que, à medida que mais mulheres passaram a acompanhar esportes, lotando os estádios do país, filas maiores surgiram porque o banheiro masculino oferece mais "oportunidades". Mictórios ocupam menos espaço que cabines, por isso o banheiro masculino oferece mais "oportunidades". Não é de espantar que não vejamos o jogo, porque ficamos na fila. Isso foi planejado pelos senhores. Desde sempre.

Quarenta e dois

O TELEFONE TOCA, INTERROMPENDO um sonho pornográfico que tinha Jake como detetive e eu como bandida.

Rolo na cama. O relógio pisca seis da manhã.

Achtung, Laura.

Minhas mãos não têm coordenação motora – derrubo o telefone da mesa de cabeceira e me arrasto pelo chão.

Bom dia, flor do dia.

"Laura?", atendo. Minha voz falha.

"*Guten Morgen.*" Ela cantarola no telefone. "Acordei você?"

"Não."

"*Ja.* Bom, ainda bem que você está deitada, porque tenho uma notícia importante."

Ouço a tragada que ela dá no cigarro.

"Estou noiva!"

"O QUÊ?" Sento na cama. "VOCÊ ESTÁ O QUÊ?"

"Noiva."

"AimeuDeus, Laura! Quando? Como?"

"Não é o Alex."

Abro e fecho os olhos. Tento discernir as palavras.

"É Harry."

Bem devagar, pergunto: "Quem-é-Harry?".

"O Harold. O cara que divide a sala comigo."

"A PULGA!"

"*Ja*. Eu dizia que ele era uma pulga porque não saía do meu pé. Por causa dessa história das ligações particulares, sabe? Descobri que ele estava me *protegendo*. Demitiram um monte de gente essa semana, Claire. O diretor-gerente estava rastreando os telefonemas feitos de cada aparelho. E o Harold sabia. Todo esse tempo eu pensava que ele fosse um babaca. Mas ele estava tentando garantir meu emprego."

"Você atirou vinho na cara do Alex há duas semanas, e agora está noiva."

"*Ja, ja*. Eu sei que é estranho. Mas quando funciona, é porque funciona. Ele é O Cara, Claire, eu sei que é."

Ai, meu Deus. Lá vêm elas de novo. Essas duas palavrinhas perigosas.

"Existem tantos Caras que já perdi a conta, Laura."

"Olha, eu liguei para o Alex para pedir desculpas pelo que fiz. Ele disse: 'Não posso ficar com uma psicopata'. Fiquei arrasada, Claire. Chorei durante três dias seguidos. Não comia. Não dormia. E foi aí que o Harry se declarou. Ele se ajoelhou do lado da minha mesa e disse: 'Laura, amo você desde o primeiro dia que começamos a dividir essa baia'. Não sei o que aconteceu, mas eu simplesmente sabia – *ele* é O Cara. Estava o tempo todo debaixo do meu nariz."

"Harold é o cara que sempre vai me buscar no aeroporto, Claire. É o cara que me traz uma xícara de café de manhã. Ele está *sempre* ao meu lado. Aí pensei: o que é um casamento? É companheirismo. O que acontece quando a lua-de-mel acaba? Em primeiro lugar é preciso ser amigos, e depois amantes."

"Você quer dizer que está prestes a casar com seu colega? Com seu melhor amigo?"

Laura dá uma risadinha que não combina com ela. "Harold é mais do que isso. Transamos na noite do noivado e foi inacreditável. Alex *nunca* foi tão bom."

Ela fuma. Solta fumaça no telefone.

"Tudo bem, eu sei. Ele não é lindo de parar o quarteirão feito Alex. Mas é *muito mais* do que isso."

"Fico feliz por você, Laura. Fico mesmo. Mas será que isso não é só para esquecer?"

"Olha quem fala, Srta. Espontânea."

"Eu sei, eu me casei rápido. E olha só o que aconteceu!"

"Ele é O Cara, Claire. Eu sei que é."

"Tudo bem. *Mazel Tov.*" Não sei por que disse isso – Laura não é judia.

"Você vai ser madrinha, claro."

"Então não é um casamento improvisado?"

"Ah, vai lavar a cara com ovo."

"Está bem. Liga de novo quando souber o que vai rolar."

"*Ja, ja.*"

Aproximo os lábios do bocal.

"Fico feliz por você", digo. Mas ela já desligou.

Quarenta e três

MINHA MÃE VEM TOMAR CAFÉ-da-manhã comigo. Tomara que eu tenha uma batedeira, porque minha mãe acredita que comer clara de ovo é igual a mergulhar na fonte da juventude.

Vou até a cozinha e confiro a geladeira. A situação é deprimente. A geladeira contém: um taco meio comido do Taco Shack, sachês de ketchup, sachês de molho de soja, uma jarra de leite desnatado.

O leite venceu, mas faz só três dias. Levanto a tampa.

Eca! Viro o rosto e jogo tudo no ralo.

Será que consigo ir ao mercado antes de ela chegar?

A campainha toca. Maravilha. Ela chegou cedo.

Minha mãe está na porta segurando dois pacotes de compras. Ela está de tênis Adidas de novo. E com uma saia jeans comprida.

"Bom dia, meu anjo!", assobia ela. "*Ío* trouxe umas comida. Onde coloco as compra?" (Ela finge um sotaque italiano que eu não agüento.)

"Você chegou cedo", acuso.

"Deus ajuda a quem cedo madruga", diz ela, toda alegrinha. "*Ío* tenho uma surpresa *per te*." Ela entra na cozinha e deixa as compras em cima da bancada.

Ando até lá.

Minha mãe levanta as mãos como se estivesse me dando um susto – *Bu!* "Eu e você vamos nos purificar!"

Ela tira do plástico um saco de limões. Depois vem pimenta vermelha em pó, melado e chá de hortelã. Fico à espera de peito de peru, pão, queijo, batatas, alface, batedeira. Mas não vejo comida de verdade. Nada.

Espio a sacola vazia. "Cadê a comida?"

"Nada de comida", informa ela. "Vamos fazer uma Limpeza Master."

"Não vou fazer uma Limpeza Master." Cruzo os braços, virei a Menina Birrenta.

Minha mãe morde os lábios. Suspira. Olha para baixo. É um olhar cansado do mundo. "Querida, o intestino também entope, sabia? Como as artérias."

Ela tira um folheto da bolsa e coloca na bancada. Na capa, a foto de um trato digestivo humano. Com o indicador, minha mãe aponta o intestino delgado. "É aqui que a sujeira se acumula", diz ela.

"Quem escreveu isso foi um médico?"

"Abu Pindar é um *curandeiro*, meu anjo. Ele trabalha com alimentos naturais. E é muito respeitado pela comunidade médica."

"Como é que você sabe?"

Ela abre o folheto e dá um tapinha na página.

"Leia."

"Abu Pindar, Pioneiro da Limpeza Master, descobriu a cura pela alimentação natural quando teve um sonho, em 1975. Apesar de não ter educação formal, é muito respeitado pela comunidade médica."

"Que picaretagem", digo.

"A Daylene jura que funciona." (Daylene é vizinha de porta da minha mãe. Ela é do tipo que pratica ioga, come vegetais com molho *curry* e acha que todos são iguais perante Deus – mas não acredita em

Deus. Ela é viúva, como minha mãe, e acho bom que façam programas juntas. Daylene usa um colar de miçangas e uma sandália *hippie*, e come pacotes e mais pacotes de granola orgânica.)

Confiro para ver se há um colar de miçangas no pescoço da minha mãe. Mas ela ainda tem a medalinha de Santa Maria – graças a Deus.

"Daylene disse que se sente novinha em folha. Dizem que a Limpeza renova a energia, meu anjo. E você anda tão cansada. Exausta. Não sei. Talvez seja a tensão de não ter um trabalho."

"Boa, mãe."

Minha mãe sorri, ela é esperta. "Olhe para você mesma. E essas bolsas escuras debaixo dos olhos?"

"Acabei de acordar."

"Mas você me disse que estava cansada, querida."

(Minha mãe é perita na arte de fazer tempestade num copo d'água. Na semana passada, cometi o erro de dizer que estava "cansada". Agora ela usa essa história como sintoma de uma fadiga crônica, diária, que exige cuidados médicos.)

"Estou bem."

"Meu Deus. Sua pele. Tudo. Você não *exala* saúde. Não quer recuperar seu brilho natural?"

"Eu quero COMER."

"Bobagem. E esses tacos todos..." Ela divaga.

Penso na sobra de taco na geladeira, e minha barriga produz um ronco gostoso.

Minha mãe pega o folheto e balança no ar. "Eu sabia que você não iria acreditar, por isso trouxe outra coisa." Ela enfia a mão em sua bolsa descomunal e tira um vidro vazio. É um vidro de molho de tomate, rótulo descascado por causa das lavagens sucessivas. Olho com atenção. O vidro não está vazio. Contém trinta pedrinhas esverdeadas, amontoadas no fundo.

"O que é isso?"

Minha mãe sorri. "São as pedras que saíram da vesícula de Daylene."

"Mãe, pelo amor de Deus! Eu não acredito que..."

"Ela guardou no congelador para eu mostrar para você."

Aperto a barriga com as mãos. "Que nojo!"

Minha mãe ignora. "A Daylene fez a Limpeza Master durante cinco dias, e depois bebeu meio litro de azeite. No dia seguinte ela expeliu as pedras. Não é inacreditável?" Minha mãe balança a cabeça, incrédula.

"Ela pescou as pedras de dentro da privada, com a rede que usa no aquário. Pedi para ela congelar, porque eu queria que você visse." Minha mãe sacode o vidro na minha cara.

Perco o apetite só de olhar para as pedras no fundo do vidro. Nem um resquício de fome.

Minha mãe vai ganhar essa parada, ela sempre ganha. Aí penso: vamos acabar logo com isso.

Esprememos os limões, misturamos água e melado no liquidificador e acrescentamos uma pitada de pimenta vermelha.

"Tin-tin", diz ela. Batemos um copo no outro. Um brinde a Abu Pindar, Rei da Limpeza. Bebemos o líquido. Não é de todo mau. Mas não consigo me imaginar bebendo esse troço durante os próximos três dias.

"À noite você pode tomar chá de hortelã", explica minha mãe.

"Que decadência."

Ela vai embora, e tento escrever. Mas só consigo pensar em comida. Tacos e *brownies* bailam na minha cabeça. Bato mais um milk shake de limão, melado e pimenta vermelha. Mas não funciona.

Às três da tarde, lembro que tenho dois rolinhos primavera no freezer. Coloco no microondas e devoro tudo às três horas e oito minutos, encerrando qualquer possibilidade de limpeza no dia.

Às cinco horas minha mãe telefona para contar que também trapaceou.

"Não sei o que aconteceu", diz ela. "Deu vontade de comer lasanha."

Quarenta e quatro

LIGO PARA LESLIE E CONTO QUE vou fazer a mala para ir a Beaumont. "O que devo levar?"

"Você tem algum brinco bem grande e chamativo?"

"Muito engraçado."

"É sério, Claire. Você vai para a terra do laquê, do silicone, do bronzeamento artificial. A única coisa verdadeira na mulherada de lá são os diamantes, juro. E você vai ver o tamanho das pepitas. Chega a ser obsceno."

"Les, assim você me assusta."

"Pode acreditar. Só tem novo rico. Tem uma mansão imensa e cafona em cada esquina. Eles gostam de coisas grandes, sabe? As piscinas são do tamanho do Mar Vermelho. E todas as casas têm um bar. Lá o tempo só passa se você bebe. É como se você estivesse em outro país."

Uma hora mais tarde, Jake e eu sacolejamos na picape. Estou com uma calça de equitação, botas inglesas para cavalgada e uma camisa da linha Campo da Ralph Lauren.

Sou Meryl Streep em *Entre Dois Amores.*

Estou a caminho do safári, minha gente.

"Aposto que você vai conseguir belas histórias de banheiro por lá", diz Jake. "Todo mundo fala de todo mundo."

"É mesmo?", pergunto, séria.

"As mulheres ficam fofocando no banheiro." Ele está animado, como se tivesse encontrado um tesouro enterrado. "É a síndrome da cidade pequena."

Chegamos à divisa com a cidade. O ar cheira a enxofre e ovos podres. É um peido difuso.

Tampo o nariz.

Jake estica o braço e acaricia minha perna. "Respire fundo, querida. É o cheiro do dinheiro." Ele ri.

"De onde vem?"

"Das refinarias de petróleo. A gente se acostuma com o tempo. Quando eu era criança, meu pai dizia: 'respire fundo, filho. É o cheiro do dinheiro'."

"Que ótimo. Provavelmente seus filhos vão ter três pernas", digo.

Ele se vira e dá uma piscadinha. "Vão ser craques do futebol."

Saímos da estrada e entramos num bairro cheio de casas grandes, protegidas por portões. Olho para os gramados meticulosamente aparados, as entradas para os carros, cobertas por pedrinhas redondas, as Mercedes, os Jaguares e até um ou outro Rolls Royce.

Paramos diante de um portão preto.

"Chegamos", diz ele. "Golias."

"Golias?"

Jake aponta para uma placa. "As pessoas aqui dão nomes para as casas, Claire."

Ele digita um código num teclado e os portões se abrem... Lentamente, teatrais.

"Bem-vinda ao complexo Armstrong." Jake faz um gesto grandioso com o braço. "Construído em 1987 e reformado várias vezes,

Golias é um notável feito da arquitetura pós-moderna. Algumas pessoas comparam essa construção aos visionários projetos de Frank Lloyd Wright."

Olho para ele.

Ele sorri.

"Você é brega", digo.

"É, mas tenho um pinto de 30 centímetros. As pessoas abrem caminho quando chego."

"Não se engane."

Entramos por um caminho ladeado por azaléias, e percebo que tudo é como Leslie previu. Os pais de Jake moram numa mansão ridícula de tão grande, com portas em estilo francês, janelas em estilo vitoriano e uma varanda extravagante, que circunda toda a casa.

Perto da porta, há uma bandeira da universidade Texas A&M. Um Cadillac cor de vinho está estacionado na frente da casa.

"Meu pai jogava no time de futebol americano da Texas A&M", diz Jake, e aponta para o carro. "Ele escolheu a cor do Cadillac em homenagem às cores do time."

Um homem alto e bonito aparece na varanda. Como Jake, ele tem uma postura imponente. Deve ser presidente de alguma empresa.

Jake sai do carro.

"Oi, filho!" O pai de Jake abraça o filho como um homem, com força.

Ele estica uma mão grande e quadrada para mim. Não consigo desviar os olhos do respeitável anel de ouro que ele usa no dedo mindinho.

"Walter Armstrong", anuncia ele.

"Muito prazer!", digo, entusiasmada. O aperto de mão firme não me surpreende.

"E a Shirley?", pergunta Jake.

"Ela já vem", diz Walter. Ele se vira para mim. "Vocês, mulheres, demoram para se arrumar, sabe como é."

Dou um sorriso.

Nesse momento, surge uma mulher na varanda. Ela tem cabelos tingidos de loiro, presos num coque sem um fio fora do lugar. A blusa justa de chiffon aperta seu tronco, e parece que os seios dela contêm todas as reservas de petróleo do país. O rosto é esticado, e os lábios estão estufados de tanto colágeno. Apesar dos excessos, é possível perceber que Shirley deve ter sido muito bonita na juventude. Deve ter sido a rainha do baile.

Agora, parece uma Barbie de meia-idade.

"Oi, chuchu!" Ela abraça Jake, dá uma olhada para mim e diz: "Ela é uma graça!".

"Esta é a Claire", diz Jake.

"Prazer, Claire. Meu nome é Shirley, sou a madrasta de Jake."

Ela me dá um abraço e me pega de surpresa. Fico envolta em uma nuvem de perfume floral.

Walter nos conduz até uma sala gigantesca.

"Vamos tomar um drinque na Grande Sala", diz ele.

"Sim, sim", completa Shirley.

Sentamos em um conjunto de imensos sofás de couro. Se eu encostar as costas, vou ficar com os pés pendurados, balançando sobre o chão, como Alice no País das Maravilhas.

Uma senhora mexicana surge da cozinha, usando um avental e carregando uma bandeja de limonadas.

"Prove esse Levanta Defunto, queridinha." Shirley faz um sinal para eu pegar um copo.

"*Gracias*", digo para a empregada mexicana.

"*De nada*", ela responde baixinho, e desaparece.

Dou um golinho, e só não engasgo por milagre. Uma dose de limão para três de vodca.

Ora, vejam. O leitinho da tarde. Não é má idéia.

Olho em volta. Parece que Shirley se interessa por decoração. Todas as mesas e prateleiras estão tomadas por fileiras de objetos. Fico imaginando o que Aaron faria se pisasse neste Palácio do Bric-a-Brac. Talvez entrasse em combustão espontânea.

"Claire, Jake contou que você estudou na TU", diz Walter.

(Estudei na Universidade do Texas. Por alguma razão, os alunos da Texas A&M acham hilariante a piadinha de trocar a ordem das letras e dizer TU, em vez de UT)

Entro na brincadeira.

"É verdade. Foi uma experiência interessante conviver com aqueles *hippies* maconheiros."

Ele ri. "Então você é uma legítima 'Chupa Chá'?"

(Mais uma piadinha besta de quem estudou na Texas A&M. Eles dizem que os alunos da Universidade do Texas são uns fracotes insignificantes. Como beber chá fazendo barulho é falta de educação, os alunos da Texas A&M chamam os alunos da UT de "Chupa Chá".)

"Adorei a universidade", respondo.

"E você adorava aquele bando de comunistas, não é?"

(E ainda outra gracinha sobre minha *alma mater*. Alunos da UT têm fama de ser *hippies* e comunistas, enquanto os alunos da A&M são patriotas, ufanistas, americanos até o último fio de cabelo.)

Olho para Jake. Ele ri e dá de ombros, como quem diz: "O que se há de fazer? O cara é fanático".

Desce mais um Levanta Defunto, por favor.

Bom, pelo menos ele não desandou a falar de futebol americano.

"A temporada de futebol universitário vai ser espetacular este ano", diz Walter. "Espere só para ver."

Pronto, começou. Não dou a mínima para futebol americano. Não tenho nenhuma peça de roupa com o símbolo da minha universidade. Mas não resisto a bancar o advogado do diabo.

"Na minha opinião, a Universidade do Texas é a melhor universidade pública do estado", digo. "Em termos de futebol *e* de ensino."

Jake olha para o chão.

Shirley balança a perna, nervosa. "Jake disse que você é adê-vogada", diz ela.

Jake corrige rápido. "Agora Claire é uma escritora. Ela não exerce mais a advocacia."

"Mas por que você fez isso, docinho?", pergunta Shirley.

Muito bem. Respire fundo, Claire.

Você se preparou para este momento, lembra?

Vomito detalhes da minha vida, mas dessa vez tenho uma estratégia de ação. Em vez de ser uma advogada divorciada à beira do suicídio, sou uma aspirante a escritora que exala talento bruto. Sou criativa. Tenho inspiração. Abandonei as raposas do direito e, nas palavras de Tom Petty, eu "navego a corredeira dos sonhos".

Ao final do abecedário de Claire St. John Superstar, os olhos de Shirley estão arregalados de espanto.

"Minha nossa. Você é determinada."

"Pois é. Eu e mais dez milhões de aspirantes a escritor." Minha declaração é uma tentativa inútil de parecer autocrítica e bem-humorada.

Shirley fica em silêncio por um momento.

"Jake, lindinho", diz ela, "por que você não leva Claire até o quarto dela? Imagino que ela queira se instalar. E assim você e seu pai podem ficar um pouco sozinhos."

Humm. Essa é minha deixa. Saída estratégica pela esquerda.

Ficamos todos de pé. Jake carrega minha mala ao longo de um corredor infinito, coberto por carpete.

"Chegamos, parada final", diz ele. "Meu quarto é aqui do lado. Se você se comportar direitinho, pode ser que receba uma visita de madrugada."

Ponho a mão no peito e finjo surpresa. "Prometo me comportar", digo, com um sotaque caipira.

Jake me dá um beijinho e volta rápido para a Grande Sala.

Dentro do quarto, confirmo minha Teoria da Relatividade das Almofadas. Se você ainda não conhece a Teoria da Relatividade das Almofadas, prepare-se para se surpreender.

Muito bem. Lá vai...

É possível medir a riqueza das pessoas pelo número de almofadas com pingente que elas têm em casa. Se todos os sofás, poltronas, cadeiras, camas e até a casa do cachorro têm almofadas com pingente, é porque a pessoa é *cheia da grana*.

A cama de hóspedes da Shirley tem mais almofadas com pingente do que a tenda de um beduíno.

Não dá nem para ver a cabeceira. As almofadas vão das grandes às pequenas. No pé da cama, há uma almofada em forma de rolinho, que parece uma embalagem de jujuba.

Bom. Onde coloco isso tudo? No chão? Numa cadeira? Numa almofada especial para almofadas?

A única cadeira que existe no quarto já está tomada por almofadas com pingente. Procuro prateleiras. Estão repletas de miniaturas de gatinhos e ovelhas e foquinhas de cristal.

A-rá! Um cesto vazio ali no canto. Carrego as almofadas e empilho tudo, e o resultado é uma impressionante Torre Inclinada de Almofadas de Pisa.

A cama, logo percebo, foi forrada com lençóis cor-de-rosa bordados com joaninhas vermelhas. Que fofo. Aposto que Shirley era chefe de torcida.

No banheiro, descubro uma infinidade de peças douradas. Espelho com moldura dourada em estilo rococó, torneira dourada, cortina dourada e preta na frente do chuveiro. Tem até porta-papel higiênico dourado. Esse estilo poderia ser descrito como "Las Vegas no Último".

Passo desodorante, fuço armários e gavetas, faço um gargarejo e abaixo a cabeça para ajeitar o cabelo. Nossa. Já me sinto instalada. Que boa idéia, Shirl.

Afundo na cama e abro o laptop.

Capítulo Quinze
Os Acessórios do Banheiro Feminino: Breve Guia para Homens

Senhores. As mulheres passam horas no banheiro. Pode ser o cômodo com a menor metragem da casa, mas é nosso pequeno tesouro. Nosso salão de beleza. Gostamos de enfeitá-lo com objetos especiais...

1. Conchas. É fato: alguma coisa no banheiro nos remete ao mar. E adoramos o mar. Temos a tendência de espalhar conchinhas por toda a parte. Às vezes a cortina de banho também tem golfinhos e peixes como enfeite. Não impliquem, ok? Não briguem por tudo, senhores. Já toleramos aquela irritante TV de 50 polegadas com caixinhas de som e o escambau. Não reclamem dos peixes.

2. Sabonetinhos decorativos. Usar esses sabonetes está fora de cogitação, senhores. Eles são exclusivamente para fins decorativos. São como enfeites numa árvore de Natal. Você não lava o rosto com enfeites de Natal, lava?

3. Toalhas bordadas com iniciais. Mais uma vez, senhores. Por favor, evitem secar sua genitália usando nossas toalhas bordadas. São *toalhas de rosto*. Prestem atenção a esse detalhe... Significa que SÃO PARA O ROSTO.

4. Velas. Diamantes são os melhores amigos das mulheres, meus caros, mas velas quebram um belo galho. Principalmente se sua conta bancária está no vermelho. Se você vive de seguro-desemprego, não tem um tostão furado e já não tem mais coragem de apelar para flores e bombons, traga uma vela bem bonitinha para o banheiro. Adoramos velas. Elas são maravilhosas. E o melhor: quando acendermos a vela depois daquele punzinho fedorento, vamos pensar em você.

5. Vidros. Pode ser que os senhores se contentem com apenas um vidrinho de xampu, mas nós precisamos de dezenas de vidros sortidos, de caixinhas, de cremes, de hidratantes. Cada um tem uma função diferente. Sim, nós realmente precisamos de dois vidrinhos de creme para os olhos. Um é para o dia, o outro é para a noite. *Capisce*? Esses produtos são nossos brinquedinhos. Não nos metemos na garagem de vocês, portanto façam o favor de manter a distância da nossa.

Humm. Quanto tempo será que tenho de ficar aqui até Jake botar a conversa em dia com o pai?

Volto pelo labirinto de corredores. Olho pela janela e vejo Jake e Walter sentados ao lado de uma piscina descomunal, cada um com um copo de Levanta Defunto na mão. Shirley está no meio dos dois, sorrindo. Ela segura uma bandeja de queijinhos.

Fujo escondida até a picape de Jake. Preciso dar uma escapada. Não deve ser difícil achar uma loja de artigos esportivos numa cidade que tem apenas dois acessos pela estrada.

Penso: *o pai do Jake não vai acreditar.*

Quarenta e cinco

TARDE DA NOITE, JAKE SE ESGUEIRA para dentro do quarto e deita perto de mim. Antes da viagem eu havia prometido a mim mesma que não faria sexo na casa dos pais dele. A promessa dura dez minutos, até Jake tirar a calça e fazer uma dancinha safada.

Quando acordo, ele já saiu. Visto minha camiseta nova e marcho para fora do meu quarto mesopotâmico até a cozinha.

Jake e o pai lutam contra a cafeteira, como se nunca tivessem feito café na vida.

"Não sei o que a Shirley faz com essa coisa", diz Walter. "Você sabe que o café dela é delicioso."

"Está difícil", diz Jake. O cabelo dele ainda está todo bagunçado, e ele tenta arrumar com as mãos.

"Posso ajudar?", pergunto.

Jake e o pai se viram, e imagino que os dois vão cair na gargalhada. Mas eles ficam me olhando. "O leite semi-desnatado acabou. Já volto", diz Walter. Ele sai da cozinha.

"Claire, você ficou maluca?" Jake está quase gritando, alterado. "Onde você arrumou essa camiseta?"

"Escapei até uma loja ontem. Não é bonita?"

Exibo minha nova camiseta cor de laranja da Universidade do Texas.

"Não estou entendendo. Por que você decidiu desfilar com as cores da universidade de uma hora para outra? Você não liga para futebol americano."

"É minha *alma mater*. Eu amo a UT, e seu pai me inspirou. Achei que ele fosse se divertir com uma rivalidade de brincadeira."

"Você não pode usar isso, Claire. Pelo menos não perto do meu pai – ele não acha a menor graça. Futebol americano é a vida dele. Ele foi capitão do time em 1976. Vai a todos os jogos. Mesmo que precise viajar. Ele é da diretoria. Acabou de doar 250 mil pratas para a reforma do estádio."

"Que ótimo. Ótimo mesmo. Mas eu sou uma Chupa Chá. E vou usar minha camiseta Chupa Chá."

"Não faça isso, Claire. Este não é o lugar nem o momento de protestar."

"Protesto? Jake, por favor. Que exagero. É só uma camiseta com o símbolo da universidade."

"Claire, tira essa camiseta."

Cruzo os braços. "Estou com esta camiseta porque estudei na Universidade do Texas e... na Universidade do Texas aprendemos a ser livres."

De repente, fiquei teimosa.

Jake suspira. "Bom, faz o que você quiser. Mas meu pai não vai gostar nada disso."

"Sei pai gostou muito de fazer graça da minha universidade. Qual é o problema com meu espírito esportivo?"

Jake olha para mim, mas não daquele jeito de sempre.

"Você não está entendendo. Ele não vai deixar você *andar no carro dele* com essa camiseta."

"Por quê?"

"Porque o Cadillac é uma homenagem à A&M."

O pai de Jake surge calmamente na cozinha, com o leite na mão.

Cumprimento com alegria: "Bom dia, Sr. Armstrong."

Ele diz: "Claire."

Essa não. O gongo soa no ringue.

Vou saindo da cozinha, mas não resisto. Faço uma dancinha de chefe de torcida, pulinhos, chutes para o alto, e digo o inimaginável:

"Força, UT!"

O pai de Jake faz uma careta.

"Avante, A&M!"

Naquela mesma tarde, Jake e eu seguimos o Cadillac de Walter e Shirley. Jake estava certo. O pai não permite que uma camiseta da Universidade do Texas entre em seu xodó-móvel cor de vinho. Por isso Jake e eu vamos de picape.

"Não acredito até agora nessa camiseta", murmura Jake.

"*Hippies* e comunistas não costumam ser bundões", respondo.

Um silêncio estranho marca o resto da viagem.

Vamos a um show de Kenny Loggins. O bom e velho Kenny tenta voltar à ativa – ele e todos os cantores decadentes.

Na hora do show, o pai de Jake diz: "Não sento perto de você enquanto estiver com essa camiseta, Chupa Chá"

E eu respondo: "Até parece que eu quero sentar perto de um A&M"

Ele ri, e percebo que Jake dá um sorriso aliviado.

Sentamos na seguinte ordem: Eu, Jake, Shirley e Walter.

As luzes se apagam.

"KenNY! KenNY!"

Kenny adentra o palco e ataca de "Footloose".

A seguir vem o tema de *Top Gun – Ases Indomáveis*, e o som de Kenny dá um rasante pela platéia.

Bato os pés, estalo os dedinhos.

Jake se vira para mim.

"Quer ser minha co-pilota?". Ele acaricia meu ombro.

"Quer ser meu co-piloto?", devolvo.

Ele ri, joga a cabeça para trás. "O que é que eu faço com você?"

Me leve para a cama ou me deixe para sempre, penso. Mas não digo nada.

O show é ao ar livre. Tento evitar os banheiros químicos o máximo que agüento. Mas o Levanta Defunto desce, e minha bexiga começa a doer. Fico sem saída.

Levanto.

"Você vai retocar a maquiagem, docinho?", pergunta Shirley.

"Vou. Quer vir também?"

Ela tenta enrugar o rosto para fazer uma expressão de nojo. Mas a pele ao lado dos olhos é tão esticada que ela não consegue.

"Vá você, querida. A Shirley não encara banheiros químicos", diz ela.

"Ãhn."

Ando pelo gramado até uma fileira de banheiros químicos, ao lado do alambrado.

Só o cheiro faria um cadáver hesitar.

Prendo a respiração e entro. É claro que escolho o mais imundo de todos. Não quero olhar, mas não resisto a dar uma espiadinha.

Eca! Repugnante!

Tento não tocar em nada, abaixo as calças só um pouquinho. Não quero que a bainha encoste no chão. Como a porta está fechada, não consigo me agachar. Faço uma tentativa de "flutuar". Joelhos levemente flexionados, uma mão agarra qualquer coisa para dar apoio. Estico o braço e seguro o porta-papel higiênico.

O negócio se solta, e sinto que vou cair para trás.

MEEEERRRRD!

Estico as mãos desesperadamente. Agarro a maçaneta bem a tempo de me erguer sem maiores conseqüências.

Êia! Essa foi boa, Houdini.

Estou ofegante. A camiseta da UT fica com duas bolas de suor debaixo das axilas.

Subo as calças e pulo para fora.

A platéia explode em aplausos.

Estão todos de pé, ovacionando.

Sucesso total.

Dou um sorriso e faço uma reverência de agradecimento.

Voltamos para casa.

O pai de Jake prepara drinques para todos. A casa tem dois bares totalmente equipados: um na Grande Sala e outro ao lado da piscina. Tudo com Leslie previu.

"Tenho uma surpresa para vocês", anuncia Walter. Ele faz um White Russian para mim. Respira fundo e estufa o peito, até ficar do tamanho de uma melancia. "Acontece que temos dois ingressos sobrando para a Festa Marítima. Don e Linda cancelaram. Se vocês quiserem, podem nos acompanhar amanhã."

Jake olha para mim. "O que você acha, Claire?"

"Acho ótimo. O que é uma festa marítima?"

"O navio sai de Galveston e dá uma volta no Golfo do México. O pessoal joga, bebe, enche a cara. É a maior diversão", diz Walter.

"Vai ser divertido", digo.

Jake sorri. "Você vai adorar, Claire."

Walter ergue a mão. "Tem apenas uma condição."

"Eu sei, eu sei. Não se preocupe, Sr. Armstrong. Não vou usar a camiseta."

"Para uma Chupa Chá, até que você aprende rápido." Walter ri.

"Amanhã à noite tem o Jantar de Gala do Capitão. É um evento formal, lindinha. Você trouxe um vestido preto ou algo parecido?", pergunta Shirley.

Walter olha para Jake. "Eu empresto uma roupa para você, filho."

Humm. Eu estava contando com um safári em meio a leões, elefantes e macacos, e agora tenho de participar do Jantar de Gala do Capitão durante um cruzeiro de dois dias. Jake vai usar as roupas do pai, e percebo que vai sobrar para mim.

Enquanto eu estou indo, Shirley já está voltando.

"Que tamanho você veste, meu amor? Trinta e oito?"

Jake e Walter olham para mim.

Preciso mesmo anunciar meu manequim?

"É... depende da loja."

"Bom. Eu tenho *Exatamente. O que. Você Precisa*", diz Shirley, toda animada.

Ela me arrasta para o quarto sem que eu tenha tempo de fingir uma parada cardíaca. "Pode ser que fique meio frouxo nos seios, mas a gente dá um pontinho. Não se preocupe."

"Não tenho nenhum sapato que combine."

"Ah, *fofinha*. A Shirley resolve isso para você. Tem mais sapatos no meu armário do que mosquito no brejo."

O *closet* de Shirley é maior do que a minha casa. Fileiras de calças bem passadas, de blusas de estilistas, casacos, cintos, etc, etc, etc. Noto um armário separado, feito de cedro, só para os casacos de pele. Na parede do fundo, Shirley exibe uma imensa fileira de vestidos. Imediatamente, percebo que estou em maus lençóis.

Ela pega um cabide e saca um vestido curto de paetês dourados. "Experimenta, fofinha!"

Prefiro a morte.

Dou uma delicada viradinha de lado, para tirar a calça e a camiseta sem que Shirley veja meu corpo. Estou usando uma calcinha e um sutiã de algodão puído, que minha mãe me deu.

"Que conjunto bonitinho", diz Shirley.

Ela fica bem atrás de mim, os braços cruzados, esperando. Sinto seu perfume floral, ouço sua respiração.

Passo o vestido pela cabeça, e rebolo para fazer meus quadris caberem lá dentro. Shirley dá uns puxões por baixo e...

Pronta para decolar!

Num espelho de corpo inteiro, com moldura rococó dourada, vejo como ficou.

Ariba! Tropicana!

"Que tal? Gostou?"

"É um pouco diferente do meu... não sei se fico bem de dourado."

"Que belezinha! Falta só um toque! Tenho um escarpim que é uma graça para combinar com esse vestido."

Shirley vai até o *closet* e volta com um par de sapatos pretos de salto, com dois enormes laços dourados no tornozelo. "Comprei numa super liquidação da Neiman Marcus. São da Europa."

Calço os sapatos e dou uma volta no carpete. Meus pés estão sambando lá dentro. Pareço uma criança brincando com o sapato da mãe.

"Não se preocupe com o tamanho", diz Shirley. "Tenho umas palmilhas ótimas para você ajustar essa folguinha."

"Que bom."

Jake surge na porta do quarto. "Tem alguém nu aí?"

Shirley dá um gritinho. "Não! Ela está mais do que vestida. Uma boneca!"

Ele entra e dá um assobio. "Uau! Você está linda!"

Imagino que ele esteja brincando. Mas Jake fica ali, parado, com um sorriso bobo de orelha a orelha.

Ai. Meu. Deus.

Quarenta e seis

CHEGANDO AO PORTO DE GALVESTON, vemos um navio azul e branco, todo iluminado, atracado no cais. No casco, o nome *Destino* está escrito em letras imensas e chamativas.

Podem me chamar de maluca. Mas fiquei meio deslumbrada. Nunca fiz um cruzeiro na vida. Já vi uns folhetos – aqueles que mostram um casal de mãos dadas, apreciando um pôr-de-sol avermelhado – e sempre me pareceu romântico. Fico imaginando Jake e eu, sozinhos no convés, bebendo champanhe.

Parece ser tão civilizado. Tão elegante.

Subimos a bordo. O capitão anuncia uma simulação obrigatória de emergência. Jake e eu vestimos coletes salva-vidas cor de laranja e nos dirigimos ao nosso "posto".

Um homem segura um apito e pede que puxemos uma cordinha para inflar o colete. "Vocês também podem soprar aqui."

Todo mundo treina o método de soprar.

Jake olha para mim e diz: "Sou o rei do mundo, Kate!".

O homem do apito escuta nossa conversa. "Nossa, essa é nova", diz ele.

"Desculpe. *Titanic* é meu filme preferido." Jake mantém a expressão séria. "Ah, e *Sem Fôlego* também."

"Olha, piadistas são os últimos com permissão para entrar no bote salva-vidas", diz o homem.

"Acho que nós dois vamos afundar juntos", responde Jake.

Seguro o braço de Jake.

Ele sorri para mim. "E aí, marinheira? Soprando direitinho?"

Depois da simulação, subimos para o convés principal para assistir à grande partida.

Espera um minutinho. Será que entramos no navio errado? Como é que Jake e eu vamos assistir a um pôr-de-sol romântico se tem mais um bilhão de pessoas? Um bilhão de pessoas na mesma jacuzzi. Um bilhão de pessoas comendo pizza no bufê self-service.

Eu deveria ter percebido a roubada no momento em que passamos pelo bufê que dava "Boas Vindas aos Chocólatras", enfeitado com tubarões em tamanho real feitos de chocolate, perdidos na multidão ávida por *fondue* de banana.

Mas me dou conta tarde demais. Este é o Cruzeiro dos Cachaceiros.

Garçons vestindo camisas floridas circulam com drinques coloridos, enfeitados por guarda-chuvinhas de papel. Um garçom esbarra em mim. "Desculpe, não vi a senhora. Deseja piña colada ou sex on the beach?"

"Piña colada, por favor."

"A versão turbinada custa apenas dois dólares a mais", diz o garçom.

Jake gargalha. "Duas piñas turbinadas."

O garçom despeja duas doses de álcool sobre os copos.

"Divirtam-se, pombinhos!", diz o garçom, e entrega os copos.

Certo. Agora entendo o porquê da simulação. O negócio aqui é deixar rolar. Tudo bem, os freqüentadores podem até não ser iguais aos dos iates de Monte Carlo, mas pelo menos mesa de jogo o navio tem.

Dou um gole.

"Nossa! Isso aqui é para profissionais."

"Segure-se, querida", diz Jake.

Walter e Shirley cambaleiam em nossa direção segurando daiquiris de morango. Shirley ergue o copo, aponta para o guarda-chuvinha e gralha: "Não é uma gracinha?".

Ponho o canudinho na boca e tomo um golão.

Jake e eu vamos explorar nossa cabine. Fazemos um sexo suado e cheio de contorcionismos na varandinha minúscula. Vamos para o chuveiro, um ensaboa o outro, mas Walter surge no quarto para dizer que todos os homens vão participar do concurso de escalada no paredão – antes que fiquem "zoados" demais.

"O prêmio são quinhentos dólares!"

Jake e eu botamos a roupa e corremos para o deque principal. Parecemos adolescentes. Vários homens já estão treinando. Tenho vontade de escalar também, mas percebo que as mulheres estão todas no chão, olhando. Torcendo por seus machos. Hesito, mas acabo me juntando às minhas irmãs da platéia, e fico andando de um lado para o outro.

Jake aposta uma corrida com outro cara. Eles lutam para subir, as cordas balançando. O cara ao lado de Jake sobe a parede como se fosse Sylvester Stallone em *Risco Total*. Ele é bom demais para ser só um passageiro como todos os outros – que marmelada! Ele toca o sino primeiro, e vejo Jake fazer uma careta.

Felizmente, todos ganham no Cruzeiro dos Cachaceiros. Na hora da "Cerimônia de Premiação", Jake recebe a medalha de prata (plástico), enquanto seu adversário fatura a medalha de ouro (e quinhentos dólares).

Shirley vem flutuando me parabenizar pelo desempenho de Jake – como se eu tivesse alguma coisa a ver com aquilo.

Walter diz que o vencedor estaria com uma bolsa de pó de magnésio para as mãos. "Ele deveria ser desclassificado", diz, inconformado. E dá um tapinha nas costas de Jake. "Parabéns, filho. Na próxima você leva o ouro."

Jake segura a medalha de plástico prateado, pendurada numa fita ao redor do pescoço. O rosto dele ficou vermelho de cansaço. "Fique comigo, Claire. E você sempre estará entre os vencedores." Ele dá uma piscada.

Meu namorado é tão engraçado.

Walter passa o braço pelos ombros de Jake. "Shirl, por que vocês duas não vão dar uma olhada no *free shop*? Agora os meninos vão dar um pulo na sala de charutos."

"Que ótima idéia, amor", diz Shirley. Ela engata o braço no meu. "Quer comprar até desmaiar?"

Não.

"Claro", respondo.

Quarenta e sete

Espremo meu corpo no vestido de paetês dourados, enfio os pés nos imensos sapatos pretos de laços dourados e me equilibro devagar, como um bezerro recém-nascido. Ando até o salão de jantar.

Jake dá um assobio de novo. Peço para ele parar, porque fico com muita vergonha. Na escada, ele belisca meu bumbum. Dou um tapa na mão dele. "Safadinha", diz ele.

A decoração do salão de jantar – atenção para a surpresa – tem motivos náuticos. Há destroços de naufrágios espalhados por toda parte. A decoração inclui até um boneco de pirata que mexe o braço, com um gancho no lugar da mão, e cumprimenta quem entra pela porta: "Ho ho ho".

Jake e eu atravessamos o salão até nossa mesa.

Ele me apresenta. "Este é Don, meu tio, e Debbie, mulher dele."

Debbie se levanta e aperta minha mão repetidas vezes. A calça dela é branca e justa, e deixa evidente a marca da calcinha fio dental por baixo.

"Todo mundo me chama de Deb!", diz Debbie.

E aí, Deb. Bela calcinha.

Deb veste uma blusa com estampa de vaquinha que deixa o umbigo à mostra (trata-se de uma "exibidinha"). Ela tem um um chapéu branco de caubói plantado no topo da cabeça, e a franja forma um quadrado na testa. Com base na primeira impressão (e detesto fazer isso, porque ela pode até ser engenheira), ela tem cara de ser muito, muito burra.

"Jake! Você arrumou uma Garota Dou-ra-da!" Ela grita e bate palminhas. "Entendeu? Porque ela usa dourado!"

"Entendi, Deb", diz Jake.

Sentamos para jantar e o garçom oferece as opções de primeiro prato – "um suculento arranjo de alface em forma de iceberg, com molho rosé" ou "nossa pedida mais popular: o Zinger."

"O que é o Zinger?", pergunta Walter.

"São espetinhos de mussarela frita. Apimentados."

"Vendido!", diz Walter.

O garçom sorri e anota os pedidos. Ele diz que se chama Rick e veio de Bombaim, na Índia.

Quando Rick se afasta, Shirley diz: "Que tom de pele lindo".

Deb concorda. "Fiquei caída pelo marronzinho. Será que é porque os indianos moram mais perto do equador?"

"Passe o vinho, por favor", digo.

Durante o jantar, Jake, Walter e Don falam sobre a temporada de caça. Shirley, Deb e eu falamos sobre roupas.

Deb conta que o pai dela importa vestidos de noiva de Paris.

"Conheci Monsieur Lalou numa feira de moda que papai visita todos os anos. A empresa paga, então entramos todos no avião e vamos para lá. Bom, parei de trabalhar por causa das crianças, e estava cansada de não fazer nada. Aí Monsieur Lalou me disse que estava procurando alguém para desfilar seus vestidos. E de repente caiu a ficha: *eu* poderia fazer isso. Tudo bem, sou mais velha. Mas a especialidade do papai é essa, mesmo. O bis da noiva."

"Bis da noiva?" (Eu tinha que perguntar.)

Deb fala baixo. "Divorciadas. Sabe, mulheres que estão na segunda ou terceira tentativa."

"Feito você, docinho", diz Shirley.

"Acho que Jake contou que sou separada." Olho para a mesa.

Shirley e Deb trocam um olhar rápido.

Deb dá um tapinha no meu ombro. "As notícias correm, queridinha. Mas não se preocupe. Se um dia você e Jake decidirem trocar alianças, você será uma noiva pedindo bis – e aí você não deve usar branco braaanco. Sabe? Branco virgem? É melhor usar um branco puxando para o bege."

De repente, Debbie chega bem perto de mim. Ela tem um bafo de Malboro e rum barato. Põe o dedo na frente dos lábios e olha para os lados, como se fosse contar um segredo. Ela sussurra: "Levo você até a loja do papai e você escolhe um vestido beeem bonito. E paga só metade do preço".

Pego o copo e entorno o resto de vinho.

Deb, garanto que nunca na vida vou comprar um vestido que tenha O Bis da Noiva escrito na etiqueta. Não vou voltar para o bis. A platéia não aplaudiu minha primeira apresentação. Todo mundo saiu no meio.

Jake, Walter e Don terminam de comer e vão para o casino. Pensei que talvez Jake e eu pudéssemos ter um "tempo para nós dois" e sair para ver estrelas no convés (como nos folhetos de propaganda). Mas quem quer saber de romance quando há um cassino à espera no 5º andar?

"Vou até o cassino com os rapazes", diz Jake. "Você não vai ficar triste, vai meu bem?" Não era exatamente o que eu esperava. Mas digo "claro que não, divirta-se".

Debbie, Shirley e eu vamos até o Bar Brilho da Lua, no 3º andar. É um lugar enfumaçado, com os garçons mais grosseiros do planeta. Eles preparam os drinques com menos bebida do que deveriam e conseguem contrabandear uma bela quantidade de álcool sem ser pegos. O bar está lotado de cachaceiros de cruzeiro, tudo é barulhento, apertado e caído.

Peço um martíni e pago dois dólares pela versão turbinada. Se você não pode vencê-los, junte-se a eles.

Shirley e Deb já estão mamadas por conta do rum e da vodca que beberam no jantar. Shirley diz que vai "retocar a maquiagem" e nos dirigimos todas ao banheiro.

Na frente do espelho, uma mulher fica babando ovo por causa do top com estampa de vaquinha de Debbie. "Essa estampa fica linda em você!"

"Obrigada, meu amor!" Deb levanta os braços e exibe o decote. "É o santo silicone. Acabei de retocar."

"É mesmo? Tenho vontade de botar, mas quero que fique natural."

"Olha, põe a mão para ver se você sente alguma diferença." Debbie afunda a mão da mulher nos peitos e faz uma cara inocente. "Viu? Não falei? O dr. Josephson é um gênio. É o melhor de Houston."

"Ouvi dizer que o dr. Schmulen é excelente", comenta outra mulher.

"Mas o Josephson atende todas as famosas", diz Deb. "O meu é igual ao da Anna Nicole Smith. Não ficou duro, não. Quer ver?"

Um monte de mulheres se aproxima. Eu também. Parece que Debbie virou ponto de peregrinação religiosa.

"Viu? Ficou natural, não é?" Deb pergunta às mulheres que se revezam no banheiro.

Lá pelas tantas, alguém imita um barulho de buzina, e todo mundo cai na gargalhada.

"Claire, não tenha vergonha. É só um peitinho", diz Deb.

"Tudo bem", respondo. "Tenho certeza de que ficou *bem* natural."

Deb pega minha mão.

Deus, por favor. Tenha piedade de mim...

Quarenta e oito

De volta ao Bar Brilho da Lua, Shirley e Deb entabulam um bate-papo com um grupo de vendedoras da Avon que estão numa "convenção". Diante disso, tenho duas opções: (a) me atirar aos tubarões ou (b) encontrar Jake.

Vou para o cassino. Os dois martínis turbinados flutuam no meu estômago, e o sapato de Shirley não me dá uma sensação de firmeza. À medida que ando, meus pés vão falseando pelo chão.

O Cassino do Carrasco tem cheiro de charuto e desinfetante lima-limão. O barco aderna para um lado e para o outro, e tenho dificuldade para ficar de pé. *Hummm.* Talvez o barco não esteja adernando. Não sei muito bem. Preciso de mais um drinque.

Deslizo até o bar, os pés sambando dentro dos sapatos.

"O QUE VOCÊ QUER BEBER?", grita o barman.

O barulho dos caça-níqueis é tão alto que somos obrigados a berrar.

"FAÇA UMA SURPRESA!", respondo.

O barman derrama uma dose de Jägermeister e bota o copo na minha frente.

"É POR CONTA DA CASA!"

Esse cara é bom. Reconhece uma Rainha da Entornada de longe.

"OBRIGADA!" Viro a dose de uma vez só, e sinto a garganta queimar. Vejo Jake, Walter e Don na mesa de Vinte e Um. Todos fumam, bebem e se cumprimentam batendo as mãos no ar.

Jake.

Finalmente.

Um alívio para meu espírito.

Desço do banquinho cambaleando e costuro pelas mesas até chegar ao meu homem. Meu salvador. Chego à mesa e me seguro no encosto da cadeira dele.

"Oi, zente. Zuzo bem?" Sei que minha língua está enrolando.

Jake ri. "Ora, vejam só quem chegou. Minha Dama da Sorte. Toda de dourado."

Olho para meu corpo e tenho a sensação de que os paetês estão se movendo. Dançando para frente e para trás, no meu vestido Dancin' Days.

Há uma cadeira vazia ao lado de Jake.

Vou. Sentar. Ali. Agora.

"Amor, essa cadeira é do Don", diz Jake. "Ele só foi até o caixa eletrônico tirar dinheiro."

"Ãhn." Fico de pé atrás de Jake. Preciso me segurar no encosto da cadeira para não tropeçar.

Don aparece com um maço de notas de cem na mão. Ele senta na cadeira.

"Ah, temos visitas", diz ele.

Visita?

O pai de Jake aponta para mim com o charuto. "E as meninas?"

"É. Elas... exibição de jóias no 4º andar."

"E você vai perder? Você não gosta de jóias, Claire?"

Não me parece que as bijuterias banhadas em ouro mostradas por aquele sujeito com sotaque britânico forçado possam ser descritas como "jóias". Mas fico calada.

"Adoooro zóias." Balanço a cabeça sem parar.

"É melhor você correr, amor", diz Jake. E imediatamente volta a prestar atenção nas cartas.

Inclino o corpo para espiar o que ele tem na mão.

"Nooossa. Um rei e um quatro. Isso é bom?", sussurro.

"Psst, Claire. Preciso me concentrar."

O carteador espera uma instrução.

"Carta", diz Jake.

Surge um oito de paus.

"Merda. Você é uma bela Dama da Sorte."

Don interrompe: "Seria mais útil se ela fosse pegar umas bebidas!".

Jake gargalha. "É isso aí, amor. Nossa garçonete deserdou. Será que você pode pegar uns gin tônicas para a gente? Pode ser?"

Não.

"Sim."

"Boa menina." Jake bota uma nota de cinqüenta na minha mão. "Quatro gin tônicas. Se a garçonete aparecer, peço para ela ajudar."

Nossa. Valeu.

Cambaleio até o barman, o que é um desafio no meio de tantas luzes e barulhos.

"QUATRO GIN TÔNICAS E MAIS UMA DOSE DE JÄGER."

"É PARA JÁ!"

É isso aí! Viva a Rainha das Entornadas.

Volto troncha para a mesa, as bebidas escorrendo pelos braços. Sou tomada por um pensamento desconcertante: com essa roupa, vão achar que esse lugar tem tudo a ver comigo.

"Aqui está, rapazes." Deposito os copos na mesa.

"Obrigada, amor. Pode ficar com o troco. Compra uma coisa bem bonita lá no negócio de jóias."

Olho para os vinte e sete dólares, e depois olho para Jake. Mas ele já se concentrou nas cartas de novo.

"Ah, entendi." Falo com a voz fria. Cambaleio até a porta do cassino e, na saída, me viro para ver Jake. Ele nem percebeu que fui embora.

Vinte e um.

Parece que as escadas se transformaram em andaimes. Vou me equilibrando até o outro andar, os saltos martelando o chão. As águas do golfo, iluminadas pela lua, estão serenas e belas. Imagino a sensação de me atirar do convés.

De volta à exposição de jóias, encontro minhas companheiras babando em cima das peças mais grotescas que já vi na vida. "O Walter disse que eu podia gastar quanto quisesse", diz Shirley. "'Estamos de férias, vamos enfiar o pé na jaca.' Foi o que ele falou."

Deb concorda. "O Don me deu dois mil dólares. Você sabe que provavelmente ele vai deixar as calças lá no cassino. Como sempre."

Penso na doação de Jake e fico enojada. Fiquei louca ou será que fomos pagas para não encher a paciência?

"Tenho uma idéia", sugiro. Pego meus vinte e sete dólares e balanço as notas no ar. "Vamos para o cassino torrar tudo, colegas!"

Deb troca um olhar desconfiado com Shirley.

"Ai, queridinha. Deixa os meninos lá", diz Shirley. Ela aponta para a mesa de jóias e solta um gritinho. "Olha só essas coisinhas cheias de pérolas!"

Deb aprova com a cabeça. "Gracinha. Gracinha demais. Experimenta, Claire."

"Não, obrigada. Não quero experimentar."

"Tenha santa paciência, Claire!", grita Shirley. "Passamos a tarde inteira fazendo compras e você não pegou nada. Você está esperando um presente de Jake, fofinha?"

"Não."

"Então pronto. Vamos dar esses brincos de presente para Claire", diz Deb. "Ela precisa de um mimozinho."

Shirley se aproxima e segura os penduricalhos na frente das minhas orelhas.

"Que tal?", pergunta Deb.

Deb bate palminhas. *Clap, clap, clap*. Uma mulher de meia idade batendo palmas feito uma adolescente.

"Ficou perfeito, Shirl! Combina com o vestido."

"Obrigada, gente. Mas na verdade não costumo usar jóias. Não curto brincos grandes. Meus lóbulos são pequenos, sabe?"

Shirley coloca os brincos na minha mão. "Os homens gostam de mulheres femininas", diz ela.

Deb concorda.

Não sei se a culpa é de Shirley, de Deb, dos brincões ou do Jägermeister, mas tenho uma súbita vontade de vomitar.

"Eu... eu tenho que ir." Procuro o banheiro mais próximo. O celular! Preciso ligar para alguém, rápido. Alguém que viva no mundo real.

Atende, Aaron. Por favor.

Nossa, o barco está no maior balancê! Fico vagando durante uns dez minutos, talvez durante uma hora – a essa altura já nem sei mais. Finalmente encontro um banheiro feminino, corro até lá e largo um dos pés do sapato de Shirley pelo caminho. Dou uma voltinha, recolho o sapato e vou mancando até o banheiro. Um pé com salto, um pé descalço.

Por favor, Aaron. Por favor atende o telefone.

O telefone toca, e surge uma voz conhecida. "Alô, queridinha. Como estão as coisas no barco dos tolos?"

"Estou enlouquecendo! Essa gente! Eles são estranhos. As mulheres... os acessórios... e os peitos! Passei a mão nos peitos delas! E minha roupa é um pavor dourado. O vestido de Shirley", gaguejo.

"Quem é Shirley?"

"A madrasta do Jake. O que está acontecendo? Não tenho nada a ver com essa gente... Pareço uma árvore de natal. Essas mulheres são assim... são árvores de natal!"

"Onde está o Jake?"

"No cassino. Com *Os Meninos*. Ele ficou com *Os Meninos*. E eu tenho que ficar com *As Meninas*. Não posso imaginar uma vida desse jeito. Eze papo de jóia, do bis da noiva... eu... eu... eu tenho que zair daqui!"

"Seu vestido é flutuante?"

"Com eze monte de paetês, vão me confundir com isca para tubarão."

"Paetês? Ai, Claire. É por isso que você encheu a cara. A Rainha das Entornadas recobrou o trono?"

"É zério! Preciso sair daqui antes que eu vire uma Amélia! Zuzo deu errado! O pai do Jake me odeia porque vesti uma camiseta da UT e ele é um desses fanáticos pela A&M e fiz de brincadeira mas ninguém achou graça... e o Jake ficou mandando tirar a camiseta... e... Aaron? Alô? Alô? Fala alguma coisa!"

Olho para o telefone. O sinal caiu. Ou a operadora cortou minha linha.

Ouço um barulho de descarga. Uma mulher vem até mim. A imagem é difusa, mas ela me parece familiar.

Shirley!

Fico parada, congelada, segurando um sapato na mão e o celular na outra.

Ela passa por mim, vai até a pia, abre a torneira. Ela me olha pelo espelho.

Shirley se vira e me encara. Os braços estão cruzados, e os olhos lacrimejam.

"Lamento que você se sinta assim." Ela fala com uma voz ferida. Antes que eu consiga reagir, ela marcha para a porta, determinada.

Quarenta e nove

No carro, a caminho de Austin, o silêncio é ensurdecedor. Jake liga o rádio. Eu desligo. Ele liga de novo.

"Deixa", diz ele. "Eu gosto dessa música."

Ouvimos a música.

Quando termina, desligo o rádio.

"Eu acho estranho a gente ficar três horas sem falar nada."

"E eu acho estranho desfilar pela rua de biquíni", diz Jake. "Mas não falei nada, falei?"

"Acabou de falar."

"Então é melhor ficar todo mundo quieto."

Ele não olha para mim. Dirige, as duas mãos segurando o volante. Olha pela janela.

"Se você não gostou do meu passeio de biquíni, podia ter dito antes. Aaron e eu nos divertimos. Entendeu? Era *diversão.* O mesmo tipo de diversão idiota que foi aquele cassino de ontem para você."

"O que você quer dizer com isso?"

"Quer dizer que você me deu um dinheiro e me despachou."

"Eu estava com os meninos, Claire. Dá um tempo. A gente não precisa ficar o tempo todo juntos."

"É por isso que você não veio dormir na cabine ontem?"

"Eu chapei numa daquelas cadeiras do convés."

"Bom. Obrigada pela consideração. Fiquei um pouco preocupada hoje quando acordei e não vi você."

Jake dá de ombros. "Fiquei com vontade de dormir lá fora."

Ele liga o rádio.

"Detesto essa música", digo.

Ele desliga o rádio.

Jake vira na minha rua e estaciona em frente à minha casa. Não na vaga do jardim, como ele sempre faz.

Ele não desliga o carro. O motor continua rodando.

Ficamos os dois parados.

"Fiquei chateada de não ter me despedido dos seus pais."

"Eles desembarcaram antes. A Shirley ficou triste... é óbvio."

Fico alguns minutos em silêncio.

"Não sei o que dizer", respondo. "Eu também fiquei triste... é óbvio."

Ele se vira e me encara. Os olhos não estão como sempre, carinhosos, gentis. Parecem agulhas.

"Por que você faz isso?"

"O quê?"

"Tudo é sempre uma piada, não é? Pensei que você pudesse ser um pouquinho mais séria."

"Você quer que eu seja séria? Está bem, vou falar sério. Você passou a noite toda no cassino, Jake. Não estava nem aí para mim."

Ele balança a cabeça. "Olha, eu ligo depois, tá?"

Desço do carro e pego minha mala.

"Quer que eu carregue?", pergunta ele.

"Não precisa."

Cinqüenta

DORMIR?

Quem disse que consigo dormir?

Sento na cama. Acendo o abajur. Tiro o laptop da mala.

Olá, Tranqüilidade e Silêncio. Que bom que vocês vieram. Abraços, beijinhos. Agora podem ir.

Nova Idéia para um Livro:

Não Esperem o Telefone Tocar, Meninas. Esperar o Telefone Tocar é Uma Perda de Tempo Sem Tamanho...

Por Claire St. John

Capítulo Um
Os Homens Mordem

Por que fazemos isso, amigas? Por que nos rebaixamos à espera de um telefonema?

Você acabou de ter uma briga horrível com seu namorado. Ele saiu correndo e foi encher a cara com os comparsas. Provavelmente ele vai desabar no sofá de algum amigo e dormir o sono da inocência. Vai sonhar que está fritando hambúrgueres para as coelhinhas da Playboy.

Enquanto isso, você está destroçada. Em pânico.

Enquanto ele dorme um soninho pós-cerveja, sua cabeça pensa a mil por hora – e os pensamentos são assim...

"Cadê ele? Por que ele não atende o telefone? Droga. Ele deixou o celular aqui. Quando ele volta? Será que ele me ama? Por que ele não ligou para dizer que está tudo bem? Deve estar no bar, com Bryan ou John. Será que ligo para o celular deles? Não, porque aí terei que explicar tudo. E se eu for até a casa deles, para ver se o carro dele está parado na porta? Mas e se eles me virem? Vão achar que sou uma psicopata..."

Você não percebe que seu namorado pretende cuidar desse assunto só amanhã de manhã. Os homens conseguem fazer isso. Uma coisa de cada vez. Prestem atenção, colegas. Caso vocês ainda não saibam, o cérebro masculino funciona assim...

Jantar com você.
Brigar com você.
Bar com os amigos.
Dormir na casa do amigo.
Sonhar com coelhinha da Playboy.
Sexo de reconciliação ou terminar tudo na manhã seguinte.

Enquanto isso, são quatro da manhã e nós, mulheres, mergulhamos num pote de sorvete de chocolate da Häagen-Dazs, repassando cada detalhe da briga. (As mulheres dariam microbiologistas excelentes, juro. Elas gostam de dissecar, dissecar, dissecar.)

Ficamos nos perguntando por que ele saiu correndo e largou o celular em cima da mesa. Será que ele esqueceu, ou deixou de propósito porque assim não precisaria ligar? Chegamos ao ponto de ligar para o celular na nossa frente e deixar um recado. Talvez ele ligue de um outro telefone para o celular, para ver se tem recado. Pensamos coisas assim, somos loucas. Usamos o nosso telefone para ligar para o celular na nossa frente e deixar um recado desesperado pedindo por favor para o namorado voltar para casa.

Precisamos ser mais firmes, colegas. Precisamos ter mais garra. Não espere o telefone tocar. Esperar o Telefone Tocar é Uma Perda de Tempo Sem Tamanho...

Clico em Salvar e fecho o laptop. Começo a desfazer a mala e vejo uma caixinha. Embrulhada em papel marrom, com uma fita e um lacinho cor-de-rosa.

Pego a caixa e chacoalho.

Abro o embrulho.

Tiro o papel de seda. Já sei o que é. Nem vi e já sei.

Um porta-retratos novo. Para a foto da minha família.

Dentro da caixa, um cartão cor de rosa diz: "Achei que seria útil. Espero que você goste. Com amor, Jake".

Vou até a mesa de cabeceira e abro a gaveta. Com cuidado, coloco a foto no vidro. Meu pai, minha mãe e eu quando era bebê. Coloco a cartolina do lado de trás. Fecho os ganchinhos de metal. Viro para ver como ficou.

Coloco na mesa de cabeceira.

"Boa noite, pessoal." Apago o abajur.

Cinqüenta e um

INCHADA, BOLSAS ESCURAS DEBAIXO dos olhos, estou com as mesmas roupas fedorentas há dias. Não lavo o cabelo. Há três dias. E nada de telefonema.

Quanto o telefone finalmente toca, eu já estava quase desistindo. Acho que vai ser outra pessoa, atendo com preguiça.

"Alô."

"Oi, Claire. Sou eu. Precisamos conversar."

Pela voz dele, percebo na hora que não é o Jake de sempre.

(P.S. As palavras mais mortais de qualquer idioma são "Precisamos conversar.")

"Oi. Eu estava esperando você ligar." (Boa, Claire. Deixa ele saber que você estava plantada ao lado do telefone, desesperada. Muito maduro.)

"Andei pensando muito. Sobre o que aconteceu."

Sei o que ele vai dizer. Meu estômago também sabe. É como se eu tivesse levado um gancho de direita. Talvez eu consiga convencê-lo a não fazer isso.

"Minha família... eles são daquele jeito, Claire. Podem não ser as melhores pessoas do mundo, mas com certeza não são as piores. Não importa o que você pense sobre eles, faço parte dessa família. Não consigo imaginar um relacionamento sério com uma mulher que não aceite quem eu sou, que não aceite minhas origens."

"É claro que eu aceito, Jake. Acontece que..."

"Talvez seja essa mentalidade elitista que você trouxe de Nova York. Poxa, Claire. Eles se esforçaram. Você não se esforçou. Eu sei que a Shirley é diferente de você. Mas ela foi simpática, e você jogou tudo na cara dela."

"Eu... eu..." Eu gaguejo. Minha voz ficou embargada.

Não perca a calma, Claire. Não faça isso pelo telefone.

Mas acabo perdendo. A barragem se rompe e as lágrimas escorrem pelo rosto.

Como vou explicar que me senti ridícula? Que entrei em pânico quando me vi no papel da esposa certinha, vestida de paetês dourados, freqüentando almoços beneficentes e chás de bebê e sessões de compras na Neiman Marcus, seguidas pelo chá da tarde com as outras senhoras? Não faço o tipo menina prendada, nunca fiz. Além do mais, este era para ser o Ano de Claire.

"O-o-obrigada pelo porta-retratos", choramingo.

"Não tem de quê."

Não tem de quê?

Jake pára por um momento. "Olha, Claire. Quando estou com os caras, é como se eu estivesse em casa. Não nos vemos com freqüência, e talvez eu tenha me deixado levar pelo clima. Meu pai quer que eu volte para Beaumont e assuma os negócios dele, mas não vou fazer isso. Não quero ficar lá. Não quero aquela vida para mim. Mas eles são minha família. E, mesmo que você não consiga engolir, sempre serão."

"Eu gosto da sua família, Jake. Gosto mesmo. Seu pai e Shirley são legais. O problema não são eles. Eu me senti... você me deixou numa situação estranha."

"Olha, não vou agüentar outra novela. Principalmente depois da história com a minha ex-namorada. Pensei que as coisas pudessem ser mais fáceis dessa vez, sabe? As coisas não deveriam ser tão difíceis. Entende? Se a gente combinasse mesmo, não seria tão difícil."

"Então é só aparecer uma dificuldade que as coisas acabam? A realidade não é bem assim."

"Sessenta por cento dos casamentos acabam em separação. Essa é a realidade, não é, Claire? E você sabe muito bem do que estou falando."

Fico calada.

"Você quer dizer alguma coisa?", pergunta ele.

"Não."

"Então tchau, Claire."

Cinqüenta e dois

Deixo as lágrimas correrem soltas durante uma semana. Fico fechada em casa, não saio. É um exílio. Vejo a previsão do tempo na televisão. Pela janela, espio as jovens mães do bairro empurrando carrinhos de bebê. Faço uma máscara facial. Lixo as unhas. Bebo chá de camomila.

Numa manhã de sol, me levanto do sofá e digo: "Basta". Vou até o banheiro, olho no espelho, tiro os cabelos opacos da frente do rosto. Abro a torneira no máximo e jogo água morna na cara.

Pois é, a vida tem momentos ruins, e às vezes a solidão dói nos ossos. Mas aí você se empanturra de sorvete e segue adiante.

A campainha toca. Desço para a sala e espio pelo olho mágico.

Mãe!

Muito bem, Tranqüilidade e Silêncio. Minha mãe chegou, portanto, peguem suas tralhas e vão saindo.

"Quem é?", cantarolo.

"Abra a porta."

Abro a porta e dou um abraço nela.

"Surpresa! Eu estava passando." Ela cruza os braços. "Eu estava louca de preocupação. Achei que você tivesse morrido."

"Não tive essa sorte."

Olho para baixo e vejo que ela usa sandálias *hippies*, e vejo também – essa não – que está com um colar de miçangas.

"E o Adidas?", pergunto, de cara. Por um momento, temo que um bando de alienígenas tenha levado minha mãe e a tenha substituído por uma hippie de meia-idade.

"Ai, aquilo estava *tão* datado."

Estico a mão para pegar o colar. "E isso?"

"Ganhei da Daylene. Fazemos uma aula juntas – a Revolução do Pensamento Positivo." As mãos da minha mãe dançam pelo ar, como as de uma cigana. "A Revolução nos ensina a acordar todos os dias e *Viver Positivamente.* Você vive o que você sente, meu anjo. Diariamente."

Hummm. Viver positivamente. Dane-se, talvez valha a pena tentar.

"Ah, eu já ia me esquecendo!" Ela vasculha a bolsa.

"De novo, não. Você não trouxe um vidro com o fígado de alguém, trouxe?"

"Não, de jeito nenhum, querida! Você acha que eu tenho cara de quê?"

Olho para a roupa dela e decido não responder.

"Trouxe seu preferido." Ela tira um saco plástico cheio de biscoitos com gotas de chocolate.

Deus Abençoe Minha Mãe.

"Pensei que fossem bolinhos de arroz integral."

"De que adianta viver se a gente não puder aproveitar de vez em quando?"

Abrimos o pacote, e preparo um bule de chá.

Minha mãe me abraça por trás e acaricia minhas costas. "Você está segurando as pontas, meu anjo?"

Suponho que ela se refere a trabalho e dinheiro. "Tudo bem, mãe. Você sabe que tenho umas economias guardadas na poupança."

"Não estou falando disso. Estou falando de Jake."

Olho para ela e sinto meus olhos se encherem d'água. Mas as lágrimas não vêm. Já chorei tudo o que tinha para chorar.

Minha mãe balança a cabeça. "Que pena. Ele não sabe o que está perdendo. Você é um poço de alegria, Claire. Nunca se esqueça disso. Quando ri, você contagia todo mundo."

"Obrigada, mãe."

"Muito bem." Ela junta as palmas das mãos. "Tenho uma notícia importante para distrair você."

"Manda."

"Tive um encontro com um homem."

"O quê?!"

"Com Louis. O Louis, sabe? O homem que ajuda a cuidar do meu jardim."

"Claro, mãe. Eu sei quem é o Louis. Ele é seu vizinho há dez anos." Agarro os ombros dela. "Então me conta! Como foi?"

"Fomos ao cinema."

"E?"

"E só."

"Vocês se beijaram?"

"Querida, não seja ridícula."

Minha mãe dá um sorriso tímido. Deve estar imaginando como seria esse beijo.

"Ele vai lá em casa hoje à noite. Vou fazer meu famoso bolo de carne."

"Nossa. Você está animada."

"O que você acha disso, meu anjo?"

"É a melhor notícia que recebi nos últimos tempos." Sinto meus olhos se encherem d'água novamente.

"Você é um amor." Minha mãe tem a voz doce, ela toca meu ombro. Ela serve duas xícaras de chá e passa uma para mim.

"Cuidado. Está quente." Ela fica soprando a caneca. Toma um golinho delicado, feminino. "O amor não é fácil, querida. Seu pai e eu adivinhávamos o que o outro ia dizer, lembra? Mesmo assim, brigávamos de vez em quando. Se você e Jake foram feitos um para o outro, nada vai impedir vocês de ficarem juntos. Nem os pais, nem a pressão do trabalho, nada."

"Acho que você tem razão." Digo isso, mas não sei se concordo.

"Outro dia fui ao cemitério onde seu pai está enterrado. Fiquei pensando em como vão ser as coisas comigo."

"Não fala assim, mãe."

"Um dia chega a hora para todo mundo. Quando o tempo da pessoa acaba, acaba mesmo." Ela pega um biscoito, fica olhando, engole. "Pode ser que você não entenda, mas decidi que não quero ser enterrada ao lado dele. Seu pai não ficaria triste, meu anjo. Nossas almas estarão juntas de qualquer forma. Então...", ela junta as palmas das mãos, "decidi que quero ser jogada no mar."

"Você quer que eu jogue suas cinzas no mar?"

"Não, quero que você jogue meu corpo inteiro. Visitei o túmulo do seu pai, e você sabe que o cemitério tinha uma vista linda, não é? Agora estão construindo um viaduto bem na frente. Com quatro pistas! Um horror!" Ela respira fundo. "Não quero ficar naquele *shopping center* de túmulos. Aquelas flores de plástico cafonas. Seu pai iria entender. Ele saberia que eu não gostaria de ficar deitada naquele forro de cetim, as mãos cruzadas sobre o peito. A última coisa que quero é parecer uma perua maquiada. Além disso, eles fazem você decidir que tipo de garantia quer para o caixão. Trinta, quarenta anos? Se pudessem, provavelmente iriam me enfiar num congelador."

"Eles quem?"

"Sei lá. O governo."

Minha mãe pega meu queixo, e isso me assusta. "Claire, você tem que me prometer uma coisa. Quando eu morrer, quero que você me leve num barco e me jogue no mar. Pode colocar uma roupa de mergulho, uma tiara de diamantes, não interessa. Mas eu quero voltar para a água. A vida veio da água, e deve voltar para lá." Ela dá um sorriso brusco, e solta meu rosto. "Quem sabe eu volto como uma sereia na próxima encarnação."

"Vai ser a Daryl Hannah cuspida e escarrada."

"É sério, querida. O que é mais estranho? Ser novamente incorporado ao ecossistema ou ficar preso a seis palmos do chão, com vista para um viaduto?"

"Acho que, quando a gente morre, não faz diferença."

Minha mãe levanta o indicador. "Faz sim. Se você não fizer o que estou pedindo, juro que volto para rondar a casa."

"Você já ronda a casa agora, mãe. Que diferença faz?"

"Você tem um humor tão rápido, querida. Pena que não faça uso dele num escritório de advocacia."

(Caí na minha própria armadilha.)

"Tudo bem, você venceu. Qual oceano?"

"No Golfo do México está bom. Assim você pode ir de carro, não precisa pegar um avião."

"Poxa, mãe. Valeu. Não sei o que eu iria dizer para o guarda rodoviário sobre a 'mulher adormecida' no banco de trás... 'Pois é, seu guarda. Ela adora tirar uma soneca com roupa de mergulho e tiara de diamantes'."

"Você entendeu o lance, meu anjo." Ela arregala os olhos, cobre a boca com as mãos e dá uma risadinha. "Lance... lance o corpo ao mar! Sacou?"

"Mãe, você está meio estranha."

Depois que ela vai embora, mastigo os biscoitos e fico pensando no Enterro da Sereia. Agora entendo porque ela é tão preocupada com saúde. Ela tem medo de envelhecer. Está preocupada consigo mesma, comigo. Desde que meu pai morreu, ficamos só nós duas.

Ela quer estar o mais saudável possível. Não quer me sobrecarregar. Não quer me ver dando gelatina na boquinha, manobrando a cadeira de rodas – não!

Como fizemos com o papai.

Fico pensando na finitude, e aí cai a ficha. Tenho trinta e quatro anos. A hora é agora. Preciso fazer alguma coisa. O que estou esperando?

Cinqüenta e três

Arrumei um emprego novo maravilhoso. É meio-período, e assim consigo escrever de manhã. E ainda ganho um dinheirinho extra para o "essencial" (tipo comida).

Virei guia turístico do Pato-Móvel de Austin, um carro anfíbio aberto que circula pelas ruas e depois mergulha direto no lago da cidade. A entrada no lago é o *gran finale*. Os turistas sempre aplaudem e se molham um pouco. É como um parque de diversões para adultos.

Tenho de usar um chapéu boboca, com um pato que exclama "Quack!" num balão de história em quadrinhos. Que *glamour*. Cuidado, Grace Kelly. Sinta-se ameaçada.

Por enquanto, estou muito à vontade pagando esse mico. Além do mais, meu entusiasmo me garante belas gorjetas, por isso tento ser tão animada quanto o Patolino.

O *tour* começa pelo capitólio onde fica a sede do governo do estado (*É o capitólio mais alto do país!*), segue para o Shoal Creek (*Local de um sangrento massacre de índios!*) e aí mergulha de cabeça no lago (*Essa não! Que água fria! Vai molhar um pouco... Clup, clup*). O fim triunfal é o momento em que navegamos por baixo da ponte Congress, lar de milhões de morcegos mexicanos (*A maior população urbana de morcegos do mundo!*).

Todas as noites, logo depois do pôr-do-sol, os morcegos voam para fora da ponte.

"Eles são rápidos demais para as câmeras comuns", explico aos turistas, que fotografam loucamente. Mas ninguém presta atenção.

Um dia, Leslie decide fechar o Pato-Móvel para o grupo das GaRRRRRotas no PODER. Elas aparecem vestindo camisetas com estampa de camuflagem e tigres cor de laranja estampados no peito.

Como boa irmã de armas, Leslie me sacaneia logo de cara. "Belo chapéu", diz, e dá um peteleco no meu patinho.

"Bela camiseta de tigre", respondo. "A estampa camuflada fica bem nas lésbicas."

Ela sorri. "Não brinca com as camisetas. Foi uma das integrantes que fez. Ela é uma ótima designer."

Leslie dá tchauzinho para alguém. Viro para olhar e... Ora, vejam só quem chegou. As Meninas "V". Em carne e osso.

A leoa, a ratinha e o cadáver entram no veículo.

"Claire, essas são as novas tigresas", diz Leslie. Ela aponta para a leoa, alta e linda. "Ginger é designer, e desenhou as camisetas."

"Já nos conhecemos", digo.

Leslie balança a cabeça, incrédula. "Que mundo pequeno. Que cidade pequena. Não canso de me surpreender..."

As Meninas "V" me reconhecem. Trocamos abraços desajeitados, porque nos conhecemos mas não nos conhecemos realmente. (Entende?)

"E a brincadeira com o carro do cara, deu certo?" Falo no meu tom alegrinho de guia turístico. (*Quack!*)

A ratinha cruza os braços. "Meu ex-marido chamou a polícia."

"Vocês se deram mal?"

"Um tapinha na mão, só isso", diz a leoa. Com um movimento de cabeça, ela indica o cadáver. "E, além do mais, a Nancy arrumou um fardado."

Viro para olhar o cadáver e – nossa mãe! – Nancy está linda. Os olhos melancólicos e atormentados desapareceram. As roupas chochas e desbotadas desapareceram. Ela fez um corte chanel no cabelo e seus olhos estão radiantes.

"Seu namorado é policial? Que bacana."

"É", diz ela, envergonhada.

"Ele é a cara do Erik Estrada", explica a ratinha.

Ora, vejam. Esta cidade é pequena mesmo.

Nancy faz círculos no chão com o pé, dá um sorriso tímido. É evidente que está pensando no Erik neste exato momento. Noto que ela não usa a camiseta do tigre.

"Você também é do grupo GaRRRRRotas NO PODER?"

"Só vim passear", diz ela. "Achei que seria divertido. Fazer um *tour* guiado pela minha cidade."

A leoa enche o peito. "E o cara do sushi, aquele que estava com você?"

Mordo o lábio. "Ah, ele."

"Agora você entende, queridinha? Eles não valem a pena. Não mesmo."

"Verdade verdadeira", diz Leslie. "Elas me inspiraram a fazer uma brincadeira com o carro do Colby."

"Ai, Les! O que você fez?"

"Enchi umas cem latinhas com talco e larguei no capô do carro dele", diz ela. "E para Michael, o Rei da Embromação – espalhei bromato em cima do carro dele!"

"Como você se sente, agora que virou uma vândala?"

Leslie sorri, vira-se para o grupo de mulheres no Pato-Móvel e bate palmas. "Meninas! Que tal um GRRRRRunhido para Claire?"

As mulheres fazem "GRRRRR!".

Faço coro e digo "Quack!". E pé na estrada.

Durante o passeio, as GaRRRRRotas assobiam e rugem para os homens na rua. Um deles, ao ver um monte de mulheres no Pato-Móvel, grita: "Permissão para subir a bordo, senhoras?".

Leslie mostra o dedo do meio e todas gritam. (Pois é. Minha amiga é delicada.)

Regulo o microfone e começo a falar de Willie Nelson e da tradição musical de Austin, mas Leslie interrompe. "Não precisa fazer o *tour careta*, Claire. A gente *mora* aqui."

"Tem razão."

Ela pega um som portátil e aumenta o volume. Quando finalmente mergulhamos no lago, aumentamos o volume da nossa voz. Eu e um bando de mulheres, cantando até cair.

Nossa, como eu adoro as mulheres.

A gente deveria dominar o planeta, não é mesmo?

Cinqüenta e quatro

Já se passaram dois meses desde o cruzeiro dos cachaceiros, ao qual Aaron agora se refere, em tom jocoso, como "Pequeno Lusitania".

Chega pelo correio um cartão cor de creme, com meu nome estampado em caligrafia preta e floreada: *Claire St. John*. O endereço do remetente é WilmerStrasse 217. Frankfurt, Alemanha.

Abro o envelope e vejo a mensagem "Reserve esta data", acompanhada por uma fotografia em papel brilhante. Laura faz pose dentro de um vestido de dança flamenca, cor de carmim. Está linda de morrer, as madeixas longas e escuras escorrem pelos ombros. Ao lado, com braços protetores enlaçando a cintura dela, surge A Pulga. Como este é meu primeiro contato com ele, observo cuidadosamente. É meio atarracado, quase três centímetros mais baixo do que ela, mas não é de todo mau. Na verdade, parece gentil. Tem um sorriso largo. Radiante. Orgulhoso.

Penso: *Laura, você mandou bem.* Talvez minha amiga realmente não precisasse ser salva. Ela merece um homem que a trate como uma princesa, para variar um pouco. Acho que todas nós merecemos.

Ver o casal mais feliz do mundo é uma punhalada no meu coração. Sacudo o envelope. Escrito com o garrancho de Laura, um bilhetinho cai lá de dentro.

Você é madrinha, Claire! Mas não se preocupe. O vestido é azul e com certeza você vai poder usá-lo em outras ocasiões – quem sabe até para um evento black tie em Austin!!! P.S. Vai lavar a cara com ovo.

Que ótimo.

Penduro a foto na porta da geladeira, debaixo do meu ímã preferido, aquele que diz: Pensamento do Dia. É uma frase de Émile Zola: *"Se quer saber o que vim fazer no mundo, eu lhe direi. Vim Viver Bem Alto."*

Abro a geladeira, procuro alguma coisa para beliscar. Hummm, o que vamos querer? Tenho queijo, peras, espaguete, frios para sanduíche e iogurte de baunilha. Reflito sobre como é bom ter comida novamente.

Sento no chão da sala com uma tábua, um pedaço de Brie e um pacote de Doritos, e caio de boca. Devoro queijo francês com salgadinho e salsa mexicana. É um encontro entre Nova York e Austin. O *New York Times* de ontem está lindamente embalado dentro de um saquinho plástico. Espalho o jornal pelo chão e começo a me inteirar das novidades.

Na seção de Estilo, um anúncio chama minha atenção. A Liga de Escritores de Nova York está organizando uma palestra com agentes literários.

Em Manhattan!

E é amanhã!

Aqui estou eu, em Austin, comendo feito uma porca, enquanto todos os literatos fazem e acontecem em Nova York. É o tipo de coisa que não posso perder.

Dou um pulo. Pego o telefone. Ligo para a companhia aérea e vejo se tenho milhas.

Vinte e seis mil milhas. Perfeito. Uma passagem de graça. Posso ir e voltar no mesmo dia. Não vou nem precisar de hotel.

Prepare-se, Big Apple. Aqui vou eu.

Cinqüenta e cinco

NA MANHÃ SEGUINTE, PEGO UM VÔO sem escalas e aterrisso em Newark às dez horas. A palestra começa só ao meio-dia, está tudo às mil maravilhas. No avião, fiquei ansiosa com essa decisão impulsiva de vir para Nova York, e comi todos os amendoins, um de cada vez. Depois pedi mais.

Mas agora, enquanto caminho pelo aeroporto, com uma mochila nas costas e uma caixa com o chapéu de Aaron na mão, sou tomada por uma estranha sensação de liberdade. Meu espírito se ilumina. Eu me sinto ousada, livre, como se fosse uma mochileira européia.

Um cara passa por mim. Ele usa uma camiseta com os dizeres: "No início, Deus criou Nova York".

Amo Nova York.

As luzes, os odores, o movimento.

A comida.

Peço para o motorista me deixar no meu ponto favorito: Murray's Bagels, na Sexta Avenida. Os bagels são gigantes, quentinhos e vêm recheados com uma quantidade de *cream cheese* que daria para entupir a rede de esgoto da cidade.

"Por onde você andou?", pergunta Murray. Ao mesmo tempo, ele grita "Dois cafés! Um curto! Um com leite!". Não acredito que ele ainda se lembra de mim.

"Pelo Texas", respondo.

Ele faz uma careta, como se eu tivesse dito "Saturno", e cobra meu bagel.

Sento numa mesa na rua e observo meu antigo apartamento, do outro lado da Sexta Avenida.

Charles e eu morávamos na cobertura, com direito a um terraço que dava a volta no apartamento e vista para o rio Hudson. Ele vendeu e comprou um apê de solteiro riquinho, perto do Gramercy Park. Olhando para o alto, vejo que os novos donos plantaram um jardim ao redor das grades do terraço. Há flores e trepadeiras por toda a parte. E duas cadeiras de madeira, uma ao lado da outra, viradas para o sol.

Também tentei criar plantas, mas não consegui fazer nem um brotinho vingar. Na época achei que fosse por causa do sol, do vento, da minha mão podre. Mas será que não foi por outra coisa?

Dou um suspiro e mastigo meu bagel. Os táxis amarelos correm pela avenida. Ver o apartamento me faz lembrar o romance enlouquecido que me arrastou para essa cidade.

Charles era um dos sócios do escritório onde eu trabalhava. Ele me contratou para fazer um estágio durante as férias de verão, quando eu ainda era estudante de direito. Ele era um sócio jovem, portanto não chegou a ser uma coisa do tipo *Lolita.*

Fomos mandados a Israel a trabalho, juntos, pela empresa. E nos apaixonamos logo de cara. No nosso primeiro encontro, flutuamos no Mar Morto. Isso significava casamento à vista – difícil imaginar um primeiro encontro mais especial do que esse, não é?

De volta aos Estados Unidos, namoramos à distância durante seis meses. A cada fim de semana, um de nós pegava o trem e ia ou para Boston, ou para Nova York. Um dia, depois de uma tarde maravilhosa de sexo, ele disse: “Case comigo, Claire”. E eu disse: “Quando?”. E ele disse: “Agora. Este fim de semana”.

Pois é. Comprei um vestido branco de alcinha numa loja de pronta-entrega, ele achou um padre na lista telefônica e nos casamos no dia seguinte. (Eu estava numa fase livre-leve-e-solta, tipo *carpe diem*, então dá para entender o que aconteceu.)

Foi um erro de proporções colossais. Uma decisão comparável à do capitão do Titanic, uma acelerada a todo vapor rumo a um iceberg num oceano gelado.

Pelo menos fiquei com a Alemã.

Está certo que ele ficou com a Mercedes conversível. É claro: se o cara quer impressionar a nova gatinha do escritório, precisa inventar um motivo para usar óculos escuros e circular com os cabelos ao vento, com ar blasé.

Hummm. Talvez eu esteja me dedicando ao livro errado. Eu teria mais chances de ganhar o prêmio Pulitzer por *Claire St. John – Os Anos Sombrios.*

Cinqüenta e seis

Entro no suntuoso lobby do Tribeca Grand tremendo de nervosismo. Que raios estou fazendo aqui? Eu nem me *inscrevi.*

Tento entrar discretamente, mas uma mulher encarregada de receber os convidados faz um sinal com a mão para eu parar.

"Com licença! Qual é o seu nome?" Ela me olha por cima da armação vermelha dos óculos. A julgar pelo penteado certinho – um coque, tudo a ver com a situação –, posso prever que os próximos minutos serão uma sessão de tortura chinesa.

"Não estou inscrita."

Ela ruge: "Nesse caso, temos de respeitar as regras". Ela faz um gesto peremptório com a prancheta.

Ai, ai, ai.

Essa aí faz o tipo "administradora rigorosinha". Não posso negar que ela tem a autoridade de um cão de guarda.

Ela me olha como se eu tivesse acabado de fugir da colônia de leprosos.

"É... eu gostaria de assistir à palestra. Será que eu não poderia entrar só um pouquinho?"

"Entrar um pouquinho?" Pronto, ofendi a mulher. "Está tudo lotado há três meses. Inscrições de última hora custam mil dólares. E ponto final."

Mil pratas!

"Bom... vocês dão descontos para estudantes?"

Ela cruza os braços e me olha desconfiada.

Vejo outras pessoas fazendo inscrição na mesa.

Mil dolarezinhos. Vejamos. Se eu fizer umas horas-extras no Pato-Móvel, talvez consiga pagar.

Saco meu cartão de crédito e me aproximo da mesa.

"Aceita Visa?", pergunto, a voz tímida. Minha mão treme.

O Cão de Guarda rosna: "Acabamos de vender o último lugar."

"Como assim? Não é possível, eu vim lá do Texas..."

"A palestra está lotada do mesmo jeito. Não importa de onde você tenha vindo, isso não muda *nada*." Ela me encara, os olhos brilhando de triunfo.

"Posso ficar de pé. Lá no fundo."

"Lotado."

"Isso é inacreditável", resmungo. "Você viu que eu estava aqui e nem me deu a chance de..."

"Você deveria ter se inscrito quando ainda havia lugares disponíveis."

Às vezes odeio esta cidade. É tão cruel. Tão impiedosa. Tão...

Olho para a mesa e pego o folheto com a lista dos agentes literários convidados para dar palestras.

"Posso levar?", pergunto.

"Os folhetos são só para os inscritos", diz o Cão de Guarda.

"Posso tirar uma cópia ali na recepção e devolver daqui a pouco?"

Agora forcei a barra. Ela tira o folheto da minha mão e joga na mesa.

"Passe bem", encerra.

Abaixo a cabeça e caminho para a porta, os passos pesados.

Espera aí! Que história é essa? E o Ano de Claire?

Não vim até Nova York para ser barrada na portaria pela Cruela De Vil. O primeiro nome na lista de agentes literários do folheto era Marcia Abraham, de Los Angeles. Decido pagar para ver.

Vou até a rua e entro numa padaria bem chique. Compro um pacote de doritos, um belo vidro de salsa mexicana e um pedaço de queijo Brie. A conta fica em vinte e cinco dólares – uma "despesa profissional" necessária.

Volto para o ninho da vespa. Mas, dessa vez, passo reto pela Cruela e vou direto para a recepção do hotel.

"Boa tarde! Tenho um presente para Marcia Abraham", digo, forçando simpatia. "Podem entregar no quarto dela, por favor?"

(Já me adaptei a Nova York.)

O cara da recepção olha o computador e faz um sinal positivo. "Vamos levar imediatamente."

"Obrigada." Saco meu livro sobre banheiros de dentro da mochila e o apóio no balcão. "Você poderia entregar isso aqui também?"

"É claro."

"Ótimo!"

Agora, é só ligar para Aaron e pedir para ele bater na madeira.

Cinqüenta e sete

Parece que Nova York faz as pessoas se sentirem pequenas, insignificantes. Talvez seja por causa dos prédios. Mas eu tinha me esquecido de que, aqui, ninguém nunca está satisfeito.

Os nova-iorquinos estão sempre em busca do próximo barato. Quem ganha salários de seis dígitos quer ganhar salários de sete, os milionários querem virar bilionários. Essa insatisfação permanente é contagiosa. Faz a gente querer voar, voar.

Caminho pelas ruas e tento me sintonizar com a Revolução do Pensamento Positivo. Tudo bem, gastei vinte e cinco mil milhas numa passagem e cinqüenta dólares no táxi. Mas e daí? O que perdi de fato?

Gastei vinte e cinco mil milhas numa passagem e cinqüenta dólares no táxi! Para quê???

Pego um metrô para o Soho, tiro a Diana de Aaron de dentro da caixa e coloco na cabeça. Meu destino é uma sofisticada loja de acessórios, chamada Top it Off! Ao ouvir o toque da sineta pendurada na porta, Henri Frederick surge lá dos fundos. Ele dá uma paradinha, bate com as mãos nas bochechas e solta um gritinho: "Claire St. John! Tudo beeeeem? Há quanto tempo!".

"Henri!", exclamo. Trocamos dois beijinhos chiques.

"Deixa eu ver você!" Ele me puxa pelas mãos e se inclina para trás. "Como sempre, um arraso. E eu a-do-rei esse chapéu! Onde você arrumou essa maravilha?" Ele dá uma voltinha ao meu redor, com o indicador na boca. "É tão atual. Tão novo. Um *objet d'art* para a cabeça."

"Eu sabia que você iria gostar. Um amigo meu de Austin que fez."

"Você já entrou em contato com o pessoal da Barneys?"

"Não."

"Ótimo, ótimo. Quero a coleção completa. Vamos ganhar uma *fortuna*. Sente-se, sente-se." Henri indica duas poltronas de veludo.

Penso em todas as noites que passei no sofá-cama de Henri. Parece que já faz tanto tempo.

Henri põe a mão no meu joelho. "E você, está mais feliz lá no Kansas, Dorothy?"

Cinqüenta e oito

Tenho duas horas para ficar enrolando antes do vôo para Austin. Decido me afogar em champanhe. Toco para Union Square.

O Blue Water Grill não mudou nada. É um desses restaurantes grandes e badalados de Nova York, que sempre ganha estrelas nos guias. Na última vez em que estive aqui, foi para tomar *brunch* com Charles. Ele comeu salmão, eu comi salada.

Nunca vou me esquecer de que pedi só uma salada, porque mais tarde naquela noite descobri a história da ruiva e lamentei não ter pedido lagosta e uma garrafa de Petrus, safra 78.

Agora, me esbaldo em bolinhos de caranguejo e numa taça de Veuve Clicquot. Afinal de contas, o que tenho a perder? Depois de duas taças de espumante, vou até o toalete feminino – como todos os banheiros de Nova York, este fica no fundo de uma escadaria íngreme e escorregadia.

(Permitam-me dizer algo, senhores. Vocês acham que o equilibrista do circo é um espetáculo? Pois ele não é nada quando comparado às nova-iorquinas que, mesmo com a pança cheia de martínis, são capazes de descer uma escadaria usando um chanel de salto agulha sem perder a pose. Isso é o que chamo de *categoria*.)

Fiquei meio tonta, mas felizmente meu sapato é baixo. Por isso a descida não exige um nível de concentração que possa acabar com meu pileque vespertino.

Na cabine do meio, comparo meu sapato ao da mulher na cabine ao lado. Fico olhando a delicada ponta preta e bege do Chanel que invade meu território. É um desses sapatos clássicos, que custam seiscentos dólares e têm aquela fivela CC na ponta.

Olho para o Chanel e comparo com meu surrado sapatinho rasteiro. Prometo a mim mesma caprichar um pouco mais – e, neste exato momento, escuto...

"Ele nunca vai largar a mulher grávida!"

Levanto as orelhas. Duas mulheres irrompem no banheiro, ligadas no dispositivo Estou-em-Crise.

"Eu sei, eu sei", diz a amiga, num tom de quem não quer que a outra dê chilique em público.

"Ele disse que tinha terminado com ela! Como é que eles podem ter terminado se ela está grávida!"

Termino os serviços na cabine e me dirijo à pia, para assistir ao desenrolar da cena. (Que Broadway, que nada!)

Duas outras mulheres que estão no banheiro começam a dar palpite.

"Olha", apita uma delas, "eu já tive um caso com um homem casado. Vou dizer uma coisa: *não é* uma boa idéia. Você vai estar *sempre* em segundo plano. Pode acreditar. Eles *nunca* largam a mulher."

As duas concordam com a cabeça.

Uma terceira mulher, vestida num terno de seda branca, se aproxima da pia. Olho para baixo e vejo que é a dona do sapato Chanel.

Ora, ora, Srta. Alta Classe. Casou bem, não é?

Ela olha ao redor em busca de toalhas, como se esperasse que alguém viesse trazê-las. Seca lentamente as unhas bem-feitas e abre a porta do banheiro. Antes de sair, faz um comentário que pára tudo.

"Meu marido *deixou* a mulher dele", diz ela, prepotente.

O banheiro fica em silêncio.

"Deve ser por causa do sapato", digo.

Minha intenção era quebrar o gelo, mas o comentário tem o efeito de uma lufada de vento polar. As outras mulheres se viram e me encaram. De uma hora para outra, me transformei numa dama de companhia que desagradou a rainha.

Saio rápido do banheiro. Pessoalmente, sinto pena da esposa grávida. Mas ela não estava no banheiro, portanto, perdeu a vez.

Se a situação fosse o contrário e ela estivesse no banheiro, tenho certeza de que as outras mulheres teriam feito uma roda em volta dela e detonado a amante. Mas assim é a vida nesse nosso santuário secreto.

De volta à mesa, pego alguns guardanapos e começo a escrever...

Antes de Tudo, Somos Mulheres

Antes de tudo, somos mulheres, meus caros. Antes de sermos esposas, mães, irmãs, namoradas e amantes, somos Mulheres.

No banheiro, há uma espécie de elo, uma união entre nós. É comum observar mulheres que nunca se viram antes se metendo em conversas que não lhes dizem respeito, distribuindo conselhos, elogiando, criticando, absolvendo. São nossas companheiras, nossas irmãs de armas, senhores. Elas sempre terão nosso abrigo. Jamais ouvimos as cinco palavras mais poderosas do planeta, aquelas que podem fazer até intrometida mais sem-vergonha perder o rebolado:

"Não é Da Sua Conta" é coisa que não se diz no Banheiro Feminino. E graças a Deus é assim.

Não importa que nossas histórias e nossas vidas sejam completamente diferentes. No fundo, todas ansiamos por amor, carinho, amizade, beleza, companheirismo e sucesso. E, não importa quão distantes sejam nossos caminhos rumo à satisfação pessoal, todas buscamos uma sensação de contentamento.

O Banheiro Feminino é um local onde podemos nos expressar. É de uma honestidade pura e incrivelmente bela. Somos Mulheres! Irmãs! Grrr! E o Banheiro Feminino é nosso, só nosso. É um microcosmo. Um planeta em si mesmo. Um lugar onde temos uma visão efêmera de nossa própria humanidade.

Cinqüenta e nove

DEPOIS DO ALMOÇO, MERGULHO EM outra meia-garrafa de champanhe no Gramercy Tavern. O restaurante está praticamente vazio, e divido minha mesa com Tranqüilidade e Silêncio. Esses babacas são bons de copo.

Decido ocupar a última hora em Nova York observando o novo apartamento de Charles. O apê de solteiro perto do Gramercy Park. Na verdade, não observo. Estou é de tocaia.

E é aí que o vejo. Enquanto observo do parque. Pontual como um inglês. É hora do sagrado cochilo vespertino.

Lá está a Mercedes. E lá está ele. Com ela. A ruiva. A mulher com quem ele teve um caso – porque ela era "tão divertida, Claire". E eu não era divertida. Eu estava trabalhando no "Grande Caso".

Vejo ele sair do carro, dar a volta, abrir a outra porta para ela. Que fofo! Que cavalheiro! Eles sobem as escadas juntos, de mãos dadas.

Hummm. O cabelo dele parece diferente. Menos bagunçado, mais adequado para um homem dessa idade.

Que bom para esse calhorda. Bom mesmo.

Olho para o carro e tomo uma decisão súbita.

Conheço uma loja de ferramentas na Segunda Avenida. Corro até lá e compro os ingredientes necessários.

Ai meu Deus. E se ele sair e me pegar?

Embrulho o carro dele em voltas e mais voltas de plástico-bolha. As pessoas passam por mim, algumas riem, mas em Nova York ninguém presta muita atenção. "Legal", diz alguém, elogiando. Como se eu fosse uma artista. Como se aquilo fosse um protesto.

Quando termino, observo minha obra. A Mercedes ficou totalmente coberta por plástico-bolha. Na verdade, ficou até melhor. Parece uma instalação de arte.

Pego a graxa branca para sapato e escrevo um recado no pára-brisa.

"Claire? O que você está fazendo?"

Eu me viro.

É Ele. E Ela.

Lado a lado.

Companheiros.

Subitamente, viro uma profissional. Seca e fria.

Isso aqui é um crime do colarinho branco.

"Claire St. John", digo, e estendo a mão.

Ela hesita. Olha para ele.

Estende a mão. Com delicadeza.

É uma mão fresca. Fresca e suave. Como se ela tivesse acabado de lavar com água fria e passado hidratante.

Ela diz apenas: "Michelle".

"É um prazer finalmente conhecer você, Michelle", digo. "Eu conhecia somente os e-mails que você mandou para o meu marido."

Se isso aqui fosse uma história em quadrinhos, haveria palavras explodindo sobre nossas cabeças. "Pow! Boom! Vapt!"

Charles olha para o carro. Estuda o plástico-bolha. O recado: *Cuidado! Frágil! O conteúdo pode se deslocar durante o casamento.*

Ele olha para baixo.

"Não sei o que dizer, Claire."

Sorrio.

Um sorriso largo, vitorioso.

"Até, jacaré", digo.

Eu me viro e saio andando pela rua, a mochila sacolejando no ombro. Posso ouvir os dois me observando. O silêncio entrega tudo.

Entro num táxi. E vou gargalhando até o aeroporto.

Sessenta

Olho para o quadro pela última vez. Não choro. Simplesmente passo os dedos pela tela. Sinto a textura. Olho para os rostos do casal.

Embrulho com cuidado. Num papel pardo.

O funcionário do correio está parado no balcão. Ele espera por mim.

Digita o endereço no computador.

"Bom, se for mandar para Nova York por correio expresso, vai custar cento e cinqüenta dólares."

"Tudo bem."

"Você quer pagar a taxa do seguro?"

"O destino se encarregará disso."

Sessenta e um

ATRASADA PARA O TRABALHO, SUBO a Congress Avenue correndo. Seguro meu chapéu Quack! na mão. Suada, sem fôlego, meu cabelo está um show de horror.

O celular toca na bolsa.

É o Aaron, penso. Desde que assinou um contrato com Henri, da Top it Off!, o Rei do Chapéu me liga todos os dias. Pesco o celular na bolsa e digo "Quack?" – essa é nossa nova piada particular.

"Por favor, eu gostaria de falar com Claire St. John?"

Humm. Uma voz de mulher, formal e correta.

"É ela."

"Olá, Claire. Aqui é Marcia Abraham. Obrigada pelos doritos com queijo Brie. É uma combinação interessante."

Fico sem reação.

"Alô? Claire?"

"De nada!", gaguejo.

"Olha, normalmente não leio originais enviados para meu quarto de hotel. Você não é a primeira a tentar, e não vai ser a última. Mas o título chamou minha atenção. Acho que esse *O Livro Secreto do Ba-*

nheiro Feminino pode render. Você tem alguma coisa além dessas listas e desses capítulos soltos?"

"Não – quer dizer, tenho sim! O trabalho ainda está em andamento, mas tenho outras coisas para mostrar."

"Bom, com certeza precisamos melhorar algumas coisas – mas a idéia é boa. Você tem potencial."

Sessenta e dois

Atenção, Senhoras e Senhores!

Marcia Abraham acha que tenho potencial!

Tenho apenas uma coisa a dizer.

QUACK!

Minha vontade é de correr e cantar e dar pulos no ar, mas opto por apressar o passo pela Congress Avenue. Estou atrasada para o *tour*, é melhor ir rápido. Chego ao Pato-Móvel e coloco o boné atravessado na cabeça – assim posso fazer uma gracinha e dizer que fui atropelada por um ônibus.

Subo os degraus, pego o microfone como se fosse Tony Bennett. "Bem-vindos, bem-vindos todos ao Primeiro e Único Pato-Móvel de Austin. Quack!" Os turistas riem. Dou uma voltinha, faço uma dancinha – e sorrio.

Jake, Walter e Shirley olham para mim lá da última fileira, paralisados de susto.

AI. MEU. DEEEEEUS...

Fico branca feito papel. Caio para trás.

O motorista gira a chave na ignição, coloca o Pato-Móvel para andar e quase vôo pela janela. Estico a mão para me segurar e ouço as risadas dos turistas.

Meu coração está a mil, vou sufocar, perdi o fôlego.

Muito bem. Controle-se, Claire. CONTROLE-SE.

Lembro do boné atravessado e ajeito o chapéu na cabeça. Levanto com cuidado e assumo meu posto diante de todos.

Todos olham. Esperam...

"Bom, pessoal. À esquerda vocês podem ver agora o capitólio da sede do governo do estado. É o capitólio mais alto do país, com dois metros a mais que o capitólio da capital dos Estados Unidos." Escuto minha voz.

À medida que passamos pelo edifício, observo o capitólio. Como se fosse um meteorito, a coisa mais interessante que já vi na vida.

"E, mais adiante, a residência do governador. Construída em 1904."

Minha voz soa estranha, séria.

Leveza, Claire. Mais leveza...

"À direita, vemos o estádio da Universidade do Texas. É a sede do famoso time de futebol americano da UT. Este é um lugar mágico, pessoal. Quando o time vence a partida, o relógio da torre emite uma luz laranja que brilha a noite inteira."

É isso aí. Muito bem. Firme. Não saia do roteiro.

"Por favor... Será que alguém poderia me dizer qual é o maior adversário da UT no futebol americano?"

Um turista levanta a mão na primeira fila.

Aponto o dedo para ele. "O senhor de camisa amarela, por favor."

"Texas A&M!"

"Não senhor. Resposta errada. Perguntei qual é o maior adversário, e não o maior freguês."

Os turistas riem, e faço de tudo para não olhar a cara de Walter na última fila.

Muito bom, Claire. Você consegue. Não deixe ninguém perceber seu nervosismo.

"Mas o ponto alto do nosso passeio é a ponte Congress e..." Faço uma careta sinistra, de noites do terror: "Os mo-mo-mor.... cegos!".

Acerto um mosquito imaginário na minha perna. "Poxa, às vezes é bom ter um morcego por perto." Arranco mais risadas dos turistas.

Bela jogada, Claire. Genial.

"Por serem tão mal compreendidos, os morcegos são criaturas muito peculiares. Muita gente tem medo de morcegos. Nós os associamos ao Dia das Bruxas, aos filmes de terror de Hollywood. Mas as aparências enganam. Os morcegos estão entre os animais mais gentis e úteis do planeta. Não são criaturas imundas, raivosas. Na verdade, os morcegos ajudam o homem, porque comem muitos insetos transmissores de doenças.

"No início do século 20, um médico de San Antonio, chamado Charles Campbell, projetou uma torre de morcegos. Ele queria atrair os morcegos, com o intuito de erradicar os mosquitos que estavam provocando muitas mortes por malária. Hoje em dia, os morcegos aqui de Austin comem de cinco a catorze mil quilos de insetos em apenas uma noite."

Olho para Jake. Ele me encara. Um sorrisinho sutil surge em seus lábios.

Sou tomada por um branco. Esqueço completamente o roteiro.

Fico em silêncio, muda, minha vontade é de que a terra se abrisse sob meus pés e me engolisse. Será que é tão difícil assim arrumar uma chuva de meteoros nesta cidade?

O motorista dá uma olhada para mim. Aponta a folha de papel com a cola do roteiro, que fica na poltrona ao lado dele.

Olho para a cola.

Os turistas me observam. Esperam que eu fale alguma coisa.

Seguro firme o microfone e encaro Walter, Shirley e Jake.

"As famílias dos morcegos são... muito unidas. Os morcegos têm de se amontoar para manter-se aquecidos durante a noite. São quase mil morcegos por metros quadrado. Eles precisam disso para sobreviver, precisam manter a família aquecida. Quer dizer, pode até ser que um morcego fique de fora do grupo da família. Mas um morcego sozinho, não consegue sobreviver se não contar com o resto da colônia. Se esse morcego comete o erro de voar para longe, sozinho, ele provavelmente vai ter de voltar para a família, vai ter de pedir muitas, muitas desculpas pelo que fez. E, às vezes, os morcegos têm dificuldade em pedir desculpas."

Os olhos de Jake estão vidrados nos meus. De repente percebo que vou perder a compostura. Meus olhos se enchem de lágrimas, e viro de costas.

"Pare o carro", peço ao motorista. "Eu preciso descer."

Com o braço tremendo, aponto um edifício. "Senhoras e senhores, este é o hotel Driskill, na rua Seis. É um dos hotéis mais antigos do Texas. Vamos parar aqui um minutinho... uma pausa rápida."

O Pato-Móvel encosta no meio-fio. Salto correndo e corro para o hotel como se estivesse numa maratona. Passo pelo *lobby* com lágrimas escorrendo pelo rosto. Vou direto até o banheiro, me apóio na pia e caio no choro.

Olho no espelho. O chapéu de patinho idiota está torto, minha cara está horrível. O rímel escorreu todo. Pego um pedaço de papel e limpo o rosto.

"Claire? Você está aí?"

Viro e vejo um vulto solitário parado na porta.

Jake.

Ele escancarou a porta do banheiro. Está me observando.

"É... eu já vou sair, só um minuto", fungo.

Ouço passos.

Ele pára na minha frente.

"Sinto muito!", digo. Dessa vez, é sério.

Por um momento, ele fica parado, hesitante.

"Eu também sinto muito, Claire. Pelas coisas que fiz no navio. Penso em você o tempo todo. Eu exagerei. As coisas estavam ficando sérias, achei que precisasse recuar um pouco. Estou morrendo de saudades."

"E seus pais?"

"Tudo bem. Foi a Shirley quem me disse que eu deveria procurar você. Ela sabia que era a melhor coisa a fazer. Ela sabe que estou apaixonado por você, Claire."

Antes que eu consiga dizer alguma coisa, Jake me abraça e me aperta forte. Ele olha nos meus olhos, tira meu boné e acaricia meu cabelo.

"Eu te amo, Claire. Quero que você faça parte da minha vida. Mas você tem que prometer que nunca mais vai usar um vestido de paetês dourados."

Ele me beija, de repente fico tonta, tudo começa a girar, não sei mais onde estou...

Ai, meu Deus.

Talvez ele seja *O Cara*!

Dessa vez, eu me afasto primeiro.

Jake sorri e olha ao redor. Dá para perceber que ele observa cada detalhe. Finalmente, ele se vira para mim e sorri.

"Eu nunca tinha entrado num Banheiro Feminino. É *gostoso* aqui dentro."

Caio na gargalhada.

"É sim, Jake. É gostoso mesmo."

Sacadas da autora,
informações adicionais
& muito mais...

Conversa de Banheiro: Uma Língua Universal?

Banheiro
Toilet
Toiletten
WC
Washroom
Cuarto Del Baño
Il Bagno
Damas
Senhoras
Casinha
Trono

Enquanto escrevia *O Livro Secreto*, comecei a me perguntar se as mulheres ficam tão à vontade nos banheiros de outras partes do mundo. Será que as mulheres de Xangai, Frankfurt, Londres e Toronto também puxam as amigas pela mão e vão ao banheiro juntas? Será que falam sobre homens e roupas? Ou seria a Conversa de Banheiro um fenômeno exclusivamente americano?

Fiz uma excelente pesquisa sobre o tema, digna do melhor jornalismo investigativo. (P.S. O trabalho incluiu entrevistas com mulheres de diversos países.)

O que Se Ouve pelo Mundo....

Canadá

Vamos começar por nossas irmãs canadenses, com quem dividimos nossa fronteira. Além do mais, tenho uma amiga canadense – Jennifer, de Toronto.

Jennifer me contou que as canadenses se referem ao banheiro como "washroom". Na verdade, as canadenses acham esquisitíssimo quando ouvem as americanas dizer que vão ao "toilet". (Mas, naturalmente, são educadas demais para comentar o assunto.)

Além disso, é comum as portas dos banheiros no oeste do Canadá, em cidades como Calgary, serem decoradas com motivos de caça. Os homens são chamados de "Cervos" e as mulheres, de "Cervas". Talvez isso se deva ao fato de que, no Canadá, a população de cervos é maior do que a de seres humanos.

Quando perguntei a Jennifer se as mulheres canadenses fazem sexo no banheiro, ela respondeu: "E quem não faz?".

Minha nossa. Quem diria que as canadenses são tão saidinhas?

(P.S. Deve ser o sexo no banheiro mais educado do planeta.)

Austrália

No país que a banda de rock Men at Work classificou com "A Terra da Abundância", é comum se referir às mulheres como "Sheilas" e aos homens como "Blokes". Na Austrália, "Sheila" é gíria para garota, menina. Por isso, as mulheres vão ao "Banheiro das Sheilas".

Apesar de terem apelidos diferentes, os banheiros das "Sheilas" e dos "Blokes" são bem parecidos. Uma amiga minha que mora em Sydney disse que, na faculdade, todos os banheiros das repúblicas estudantis eram unissex. (É isso mesmo, inclusive os chuveiros.)

Mas a prática de divisão de banheiros entre as Sheilas e os Blokes parece ir além das fronteiras das repúblicas. Na verdade, os homens australianos ficam tão à vontade usando o "Banheiro das Sheilas" que minha amiga me contou esta história maravilhosa:

Ela e uma amiga estavam num bar em Sydney, jogando charme para dois policiais bêbados – ou *coppers*, como eles são chamados na Austrália. Os *coppers* desafiaram as duas a trocar de roupa com eles. Assim, o quarteto se mandou para o "Banheiro das Sheilas". Os *coppers* vestiram dois tubinhos pretos e, naturalmente, não conseguiram fechar o zíper até o fim. As mulheres vestiram os uniformes azuis dos policiais. Quando todos saíram do banheiro, uns usando as roupas dos outros, o bar parou para ver. Os homens falavam com vozes fininhas, e as mulheres ameaçavam colocar todo mundo na cadeia.

Quando perguntei para minha amiga o que aconteceu no fim da noite, ela disse: "É melhor eu não contar. Foi meio estranho, mas foi excitante."

Pois é. Sinta-se à vontade para usar a imaginação. Parece que os australianos são um povo bem atrevido e ousado. Considerando que o continente foi povoado por condenados pela Justiça, isso não me surpreende.

Le Toilet

Passemos à França...

Ah, como começar? Sei que muitos americanos têm um lance meio anti-francês dentro de si. Mas eu, pessoalmente, adoro os franceses. Como não adorar o povo que nos deu as "batatas da liberdade"?*

(P.S. Não chamamos mais as batatas fritas de "French Fries". Lembre-se, o Congresso decidiu mudar o nome para Batatas da Liberdade. (Os caras lá realmente têm muito o que fazer.)

---

* No original, "Freedom Fry". Referência ao novo nome que os americanos deram para as "French Fries" (literalmente, fritas francesas). A mudança de nome ocorreu em 2003, devido à oposição do governo francês à invasão americana do Iraque. (N. T.)

Falando na França: sempre me perguntei sobre a utilidade do bidê. Ele serve para a limpeza pós-coito ou pós-número *deux*? Será que as mulheres francesas ainda usam o bidê? Fiz essa pergunta a Claudine, uma parisiense que conheço. (Na verdade eu não "conheço" Claudine. Eu estava num café, ouvi uma mulher falando francês na mesa atrás de mim e perguntei: "Você é francesa?". Claudine disse: "*Oui*". (Esse é o tipo de jornalismo investigativo empenhado que pode garantir um Pulitzer.)

Perguntei a Claudine sobre o bidê. Ela disse (seguem abaixo suas exatas palavras):

Claudine: "Le bidê serve parra lavar o bumbum depois de usarr o banheirro. Mas hoje em dia os bidês são rarros. Eles eram mais usados em casas antigas, onde não havia chuveirro ou banheirrra. Agora usamos le bidê parra lavarr os pés, eles servem para isso."

Lembrete: Bidê = banho para pés

Fiz ainda outra pergunta de jornalismo investigativo a Claudine: "As mulheres francesas têm o mesmo tipo de conversa no banheiro que as americanas?"

Claudine: "Clarro. É *la même chose*."

Confesso que não consigo acreditar na Claudine. As francesas são tão magras, elegantes e discretas. TEM de haver alguma diferença entre as conversas de banheiro das francesas e das americanas. Por exemplo: as seguintes frases Jamais, Em Hipótese Alguma, seriam ouvidas num WC parisiense:

1. Você acha que essa calça deixa meus quadris gordos?
2. Não acredito que não vendem Budweiser aqui!
3. Você precisa ver a liquidação de móveis para jardim do Wal-Mart!
4. Eu até ofereceria um cigarro, mas acontece que não fumo.
5. Não posso ir para a cama com ele. Ele é casado.

Eis o que acredito que seja uma típica conversa entre duas francesas no banheiro:

Francesa Número 1: "Você está *très chic*."
Francesa Número 2: "*Oui*, é claro. Você também."
Francesa Número 1: "Esse lenço é da Hermès?"
Francesa Número 2: "Não, é da Chanel."
Francesa Número 1 admira o maravilhoso lenço Chanel: "Maravilhoso."
Francesa Número 2: "*Oui*, é maravilhoso."
Francesa Número 1 passa batom em seus perfeitos lábios franceses que fazem biquinho: "Hoje à noite meu marido vai sair com a amante."
Francesa Número 2 suspira, solta a tragada que deu no cigarro Gauloise e faz uma expressão de tédio: "Então você está livre hoje?"
Francesa Número 1 pega um vidrinho de perfume raro e caro dentro de sua bolsa Yves St. Laurent: "*Oui*, vamos ao cinema."
Francesa Número 2 ajusta seu casaco Louis Vuitton ao redor da cinturinha de 50 centímetros: "Ótimo."
Francesa Número 1 se olha no espelho: "Somos tão magras, elegantes e discretas. Deve ser porque somos francesas."
Francesa Número 2: "*Oui*, *oui*. É claro que sim."

China, Japão, Taiwan, Coréia, Hong Kong, Tailândia etc.
(*também conhecidos como países do "flango com aloz"*)

Qualquer pessoa sabe apreciar os traços suaves e minimalistas de um projeto arquitetônico de I. M. Pei. Afinal de contas, quem não gosta de observar a calma zen de um ambiente marcado pela simplicidade? Mas, às vezes, em alguns países onde se come com palitinho, os banheiros não têm privadas – apenas um buraco simples e zen no chão.

Há alguns anos, fui a um restaurante chique em Taipei. Quando me levantei da mesa por um minuto para ir ao banheiro, me deparei com um buraco. Havia dois belos azulejos brancos para apoiar os pés, um de cada lado do buraco. Naquele momento, me perguntei se algum dia as mulheres taiwanesas já travaram o seguinte diálogo:

Mulher Taiwanesa Número 1: "Estou de saco cheio de ficar de cócoras, apoiada nos meus sapatos Jimmy Choo."

Mulher Taiwanesa Número 2: "Nem me fale. Será que é tão difícil colocar uma privada?"

Mulher Taiwanesa Número 1: "Eu queria relaxar. Não é possível, o que será que passou pela cabeça desse arquiteto chinês? Será que ele acha que é gostoso ficar de cócoras e depois dar pulinhos, como se eu fosse uma acrobata?"

Mulher Taiwanesa Número 2: "Eu não devia ter pedido sopa de tartaruga."

Mulher Taiwanesa Número 1: "Meus joelhos estão doendo."

(No Japão, é comum haver música de fundo nos banheiros, com passarinhos cantando. As mulheres não querem que as outras ouçam os barulhos que fazem.) A maioria das mulheres do mundo tem vergonha de fazer barulhos na frente das outras. Se ir ao banheiro pudesse ser comparado a um jogo de futebol, a maior parte das mulheres escolheria ficar quietinha no banco de reservas, e não no meio do ataque.

As mulheres asiáticas podem até ser obrigadas a fazer um número de equilíbrio à moda do Cirque du Soleil, mas isso ainda é melhor do que a situação na Índia...

Índia

Aparentemente, o lema indiano é: "Um bilhão de pessoas, dois banheiros". Rá, rá, rá. Brincadeirinha. Existem pelo menos quatro banheiros no país inteiro, portanto, não há motivo para preocupação, não mesmo...

Conversei com uma amiga que passou meses viajando de mochila nas costas, de Nova Déli a Jaipur. Ela me disse que, na Índia, é difícil encontrar um banheiro feminino semelhante ao tradicional encontrado em bares ou restaurantes. Em geral, o banheiro é uma pequena construção de madeira, erguida para os turistas do lado de fora dos estabelecimentos.

Nos vilarejos e cidades pequenas, as mulheres indianas se escondem atrás de guarda-chuvas, levantam o sári e ficam de cócoras num canto da rua.

"É por isso que a Índia tem um aroma tão peculiar", informa minha amiga.

"Pensei que fosse por causa do curry", disse eu.

Ela balança negativamente a cabeça.

Ela me contou que, quando ela ou a amiga com quem viajou tinha de fazer coisas, as duas trabalhavam em equipe para desviar a atenção dos outros. "Não conseguíamos encontrar banheiros em todos os lugares, e às vezes tínhamos de nos agachar atrás de uma árvore ou de um carro... Uma de nós ficava falando bem alto enquanto a outra cuidava da vida."

"Era realmente um esforço conjunto. Você não imagina a quantidade de homens que tentava se aproximar enquanto resolvíamos nosso caso. Lá, privacidade e discrição são valores diferentes do que nós, ocidentais, conhecemos."

"Além disso, era difícil encontrar papel higiênico. Por isso carregávamos guardanapos. Uma vez, cheguei a usar folhas que arranquei de uma árvore."

(Bom, tudo indica que ir para a Índia é como acampar.)

Os Fritz

Os banheiros alemães estão entre os mais limpos da Europa, talvez até do mundo. Em parte, isso se deve à aparência robusta e sisuda das alemãs que ficam do lado de fora do banheiro. Elas ficam sentadas atrás de suas mesinhas, imóveis e sérias – afinal de contas, ir ao *toiletten* é coisa séria, não é?

Na hora de oferecer a gorjeta obrigatória pela manutenção do local em condições tão impecáveis, não espere nada além de um sutil gesto com a cabeça. Você vai notar que existem apenas moedas de um Euro no pratinho de gorjetas, mas não se engane. Muitos colaboradores deixam contribuições menores. Mas as mulheres são rápidas em esconder os trocados pequenos, numa tentativa de estabelecer um valor mínimo. O recado é: "Ninguém entra no meu *toiletten* por menos de um Euro".

Considerando as grandes quantidades de cerveja e vinho de maçã servidas naquelas bandas, as funcionárias do banheiro faturam alto. Além do mais, é impossível entrar sem ser visto por elas. Elas não lêem revistas, não falam ao telefone, não assistem TV's portáteis. Ficam sentadas, observando. Não fazem nada além disso. É uma coisa meio assustadora.

Em Roma, como os romanos

Prada
Gucci
Fendi
Manolo
Dolce & Gabbana
Tod's
Hogan

E aqui estou eu, entrando de tênis Nike num banheiro. O que é isso, minha gente?

Os azulejos brancos do banheiro jamais foram agraciados com tantos calçados de alto nível. Os sapatos mais elegantes do mundo saltitam sobre esses azulejos. A etiqueta "Made in Italy" traz um novo significado às exíguas dependências do banheiro italiano. Ao entrar num banheiro feminino na Itália, é difícil não olhar para todos os sapatos. Dá vontade de apontar e berrar: "Onde você comprou essa maravilha?".

Imagino que a resposta das italianas seria: "Na Itália".

"Ãhn."

Bom, perguntei às minhas amigas italianas, também conhecidas como a "Aliança do Espaguete", o que as italianas fazem no banheiro. De que forma aquele entusiasmo pela vida, *La Dolce Vita*, se transfere para o banheiro feminino?

Minha amiga Francesca diz que, sob o sol da Toscana, as italianas debatem todos os assuntos. Mas basicamente elas falam sobre – que Grande Surpresa – roupas.

O desfile de moda das italianas é como uma passarela em Milão. E aqui estou eu, uma turistona boboca, de tênis Nike. É a mesma coisa que usar uma pochete e um moletom do Mickey com os dizeres "Euro Disney!".

"As americanas se vestem para ficar confortáveis", afirma Francesa. "As italianas se vestem para ficar sexy."

Olho para ela e me pergunto se está brincando. Ela faz uma cara seriíssima. Humm...

Grécia

As ilhas gregas são lindas – à semelhança dos homens gregos. Mas nem sempre é possível saber aonde vamos nos meter.

Minha amiga grega me contou que ela e as amigas fazem uma brincadeira no banheiro, chamada "Grego ou gay?".

Ao conhecer um homem cuja orientação sexual é alvo de dúvidas, elas vão até o banheiro e fazem suas apostas. Primeiro debatem a probabilidade – por exemplo, ele estava de calça rosa, mas também estava olhando para a bunda delas. Ele estava fumando, fechando os olhinhos, fazendo uma cara sexy e safada. Ele é grego? Ou é gay?

Minha amiga diz que esse jogo pode ser jogado em qualquer país europeu.

"Não é só na Grécia?", pergunto.

"Não, você também pode jogar 'Europeu ou gay?'. É uma brincadeira muito conhecida na Dinamarca."

"Ãhn."

Indonésia
(*O país que fica mais ou menos perto do Canadá*)

Outro dia conheci num bar uma menina muito bacana de Jacarta, na Indonésia. Contei para ela que os americanos não fazem a menor idéia de onde fica a Indonésia. "É mesmo?", perguntou ela. Eu disse: "Fica mais ou menos perto do Canadá". Ela riu. E eu disse que estava falando sério.

Bom, o nome dela – e eu até pedi para ela escrever num papel – é Wiwied Sunadia Cinderela. "E isso é só meu primeiro nome!" Ao me ver coçar a cabeça, confusa, ela explicou que as mulheres indonésias não têm sobrenomes. E disse que eu poderia chamá-la de "Lia".

Perguntei a Lia o que as indonésias falam no banheiro. Ela me disse que falam sobre o que viram na pista de dança. Basicamente, sobre homens.

Elas podem, por exemplo, dizer coisas assim: "Ele serve para cinco minutos, mas não para sempre". Ou então: "Ele só quer ir para a cama com você". Ou seja: parece que as mulheres da Indonésia são bem espertas.

Lia me disse que é uma executiva bem-sucedida. Contou que freqüenta muitos bares.

"Por que os homens americanos sempre acham que sou prostituta?", perguntou ela, piscando os cílios pretos.

Observo Lia e seu vestido chinês de seda, bem justinho. Humm. Boa pergunta, Lia. Ela é divertida, bebe feito um irlandês. Gostei dela.

Lia está com Qian, sua amiga chinesa. A pronúncia correta de "Qian" é "Chen", ou talvez "Jen". Ela veio de Xangai.

China

Perguntei a Qian/Chen/Jen o que ela faz no banheiro. Ela me disse que as chinesas não costumam falar abertamente sobre homens, sexo e roupas no banheiro.

Chen me contou que suas amigas estrangeiras a levam até o banheiro para fofocar, mas as amigas chinesas são mais discretas. Eis o que ela me disse, palavra por palavra:

"Se eu foi para a cama com rapaz ontem, provavelmente não falava para ninguém. Sexo foi bom, mas eu não sabe se quer falar disso no banheiro – talvez só com minha irmã, que é melhor amiga. Eu conto só para ela." Chen coloca o dedo sobre os lábios. "Pssst. Não é para banheiro. É secreto."

E aí está, senhoras. De Toronto à China. A Conversa de Banheiro é o Esperanto das Mulheres.

Este livro foi composto em Garamond
para a Editora Planeta do Brasil
em junho de 2008.